ZEITREISE
KONSTANZ
UND DER WESTLICHE BODENSEE

ERINNERUNG

L'adieu de Constance

»Glauben Sie mir, in Konstanz liebe ich alle – diejenigen, die mir Freundschaft bezeugt haben, wie diejenigen, die mir gar nichts gezeigt haben; mit dem Unterschied freilich, dass ich die Ersteren etwas lieber habe.
Ich werde mich immer mit Rührung meiner Abfahrt von Konstanz erinnern. Wie oft am Tage muss ich seufzen, wenn ich an Arenenberg denke, an Konstanz und Gottlieben! […]
Ich bin so jung in Ihr Land gekommen, dass ich darin Wurzeln geschlagen habe; ich könnte mich daher auch niemals ganz verpflanzen. Wie ein abgehauener Baum lasse ich meine Wurzeln dort, wo ich Freunde zähle und wo mich so viele Erinnerungen festhalten.«

Napoleon III., Kaiser der Franzosen,
in einem Brief an die Gräfin Amélie von Zeppelin

▶ Heinz Peter Sulger und Karl Arnold Sulger zum 60. Geburtstag.

DOMINIK GÜGEL

ZEITREISE KONSTANZ

UND DER WESTLICHE BODENSEE

Menschen, Orte und Ereignisse,
die Geschichte schrieben

SILBERBURG

INHALT

Konstanz und der westliche Bodensee.

Blick vom Konstanzer Dom nach Westen.

Constantia – Konstanz.

Vorwort

Wenn ich mir die Frage stelle, was mich mit *Konstanz und dem westlichen Bodensee* verbindet, dann fallen mir jede Menge Dinge ein. Zunächst einmal natürlich, dass ich hier geboren bin, in die Schule ging, Abitur gemacht und einige Jahre später auch einen Teil meines Studiums an der selbst ernannten *Friedrich-Hecker-Universität* (▶ Kapitel 1848, 1966) von Konstanz verbracht habe.

Denke ich speziell an den *westlichen Bodensee*, dann kommen mir zunächst die Besuche bei meiner Patentante in Singen in den Sinn. Paula Waibel-Fischer besaß dort ein Hutgeschäft, das alteingesessenen Hohentwielstädtlern (▶ Kapitel 1895) noch heute ein entzücktes Lächeln abverlangt, wenn sie davon erzählen. Unvergessen das Vesper bei Tante Paula, wenn wir bei ihr, ihrem Mann Ludwig und ihrer Schwester Sophie zu Gast waren. *Schöpfet*, sagte sie immer in ihrem unverwechselbaren Hegauer Dialekt, der so sehr dem Thurgauer- oder Schaffhauser-Deutsch ähnelt und aufzeigt, wie eng die Beziehungen am westlichen See sind. Tante Paula steht stellvertretend für die weitere Verwandtschaft in Rielasingen, Tengen, Gottmadingen und Moos, in Eigeltingen oder Engen mit seinem Stadtpfarrer Monsignore Karl Eger. Dann natürlich Watterdingen, jenes kleine Hegau-Dorf, aus dem mein Großvater Rudolf stammte, dessen Vater Blasius und seine Frau Juliane, die eine Heilkundige gewesen sein soll. Jede Menge Verwandtschaft also, die auch mehr oder minder regelmäßig besucht wurde. Meist gestandene Landwirte mit ihren Familien, die dem staunenden kleinen Städter von den Franzosenkriegen (▶ Kapitel 1792) erzählten und davon, dass auf den Feldern ringsherum noch jede Menge Tote lägen. Soldaten und Zivilisten, darunter auch viele Vorfahren. Deshalb habe der Großvater immer ein Kreuz über dem Schlachtfeld errichten wollen, als Mahnung für die Lebenden. Tatsächlich steht dort heute ein Kreuz. Mein Großvater starb kurz nach Kriegsbeginn 1939, gerade zu den sogenannten *14ern* wieder einberufen (▶ Kapitel 1945). Auf ihn geht das Kreuz also nicht zurück.

Gedenkkreuz auf dem Bisberg bei Watterdingen.

Hohentwiel, Hohenkrähen und andere Hegauberge.

Aber auch von Raubrittern war die Rede, dem sagenumwobenen *Poppele vom Hohenkrähen* oder von der schönen Herzogin Hadwig (▷ Kapitel 970) auf dem Hohentwiel. Überhaupt, die Hegauberge. Wanderziel von früher Kindheit an. Besonders angetan hat es mir immer der Hohenstoffeln mit seinen beiden Vulkanschloten und den geheimnisvollen Resten des Erzabbaus. Offene Stollen und verrostete Loren, die noch in den 1970er-Jahren verlassen auf der Industriebrache am Berg standen. Und dann natürlich das *Nebelmännle von Bodman* (▷ Kapitel 1189), eine entzückende Erzählung mit viel historischem Hintergrund.

Für Konstanz fallen mir die Kaffeekränzchen meiner Großmutter Berta ein, die nebst ihren beiden Schwestern Elsa und Marie immer einen mehr oder minder wechselnden Kreis von Damen aus der gehobenen Gesellschaft (wie man damals sagte) einlud. Da die drei Schwestern Ortlieb selbst aus einer Hoteliersfamilie stammten, durfte guter Kuchen nicht fehlen. Der musste natürlich aus der *Konditorei Pfeffer* am Obermarkt stammen und vom jüngsten Enkel *aus der Stadt* geholt werden. Wehe mir, wenn ich einmal meinen Auftrag nicht richtig erfüllte! Dafür entschädigt wurde ich durch spannende Erzählungen der Damen aus dem *alten Konstanz*. Sehr in Erinnerung geblieben sind mir die Abenteuer des späteren französischen Kaisers Napoleon III., von dessen *Lausbubenstreichen* (er wuchs in Konstanz und auf Schloss Arenenberg auf) noch gerne erzählt wurde (▷ Kapitel 1539, 1817). Unter den Gästen befand sich häufig auch Johanna Mannhart, genannt Hanni, Witwe des Weltkrieg-I-Veteranen Dr. Karl Mannhart, Inhaber der *Eisenwarengroßhandlung J. C. Mannhart* auf der Marktstätte. Als junger Offizier der 14er (▷ Kapitel 1868, 1914) hatte er in Flandern ein Bein verloren und humpelte jeden Tag mit eiserner Miene von Petershausen über die *Alte Rhein-*

Hofmetzgerei Gebrüder Sulger, um 1930.

brücke in sein Geschäft. Seine hölzerne Prothese von 1918 war für uns Kinder ein verwirrender Anblick, denn der Zweite Weltkrieg, das Trauma der eigenen Eltern und die französischen Besatzungssoldaten (▷ Kapitel 1945) hatten die Erinnerung an den sogenannten *Großen Krieg* verdrängt. Fräulein Emma Oréans nicht zu vergessen, Tochter eines seinerzeit berühmten Anglistik-Professors und bis 1945 im Wehrbezirkskommando Konstanz (▷ Kapitel 1945) beschäftigt. Gerne erzählte sie mit verschmitztem Lächeln, wie sie zusammen mit Offizieren des Standorts in den Wirren der letzten Kriegstage am laufenden Band junge Soldaten aus den Reihen der Wehrmacht offiziell entließ. Sehr zum Ärger der nationalsozialistischen Machthaber und wenig später der neuen Herren aus Frankreich.

Dann der Besuch des altehrwürdigen *Heinrich-Suso-Gymnasiums*, in dessen Korridoren nicht nur der Geist des antiken Griechenlands und Roms lebendig schien, sondern auch die eigene Familiengeschichte. Denn nebst dem besagten Großvater hatten auch die Mama, deren Bruder und der eigene ältere Bruder hier die Schulbank gedrückt. Aber nicht nur direkte Familienmitglieder, sondern auch eine weitere Patin: Professor Dr. Ilse Hempel. 1933 war sie in die Sexta des damaligen *Leo-Albert-Schlageter-Gymnasiums* (so der Name während des Dritten Reiches) eingetreten. Genau zwei Mädchen gab es in der Klasse. Ilse Hempel und Margarete Frank, meine Mutter. Die beiden freundeten sich an. Ilse Hempels Mutter war Jüdin gewesen. Familie Hempel gelang die Flucht vor dem NS-Regime zunächst in die Schweiz, dann nach Frankreich und später über Spanien in die USA. Bald nach dem Krieg besuchte Ilse ihre alte Heimat und nahm, solange es ihr möglich war, an den Klassentreffen ihrer ersten Gymnasialjahre teil. Die Freundschaft der Mädchen hielt ein Leben lang an.

Das Münster (▶ Kapitel 600 etc.), der mächtige Dom des seitens der Kirche schmählich unterdrückten Bistums Konstanz (▶ Kapitel 1821), übte schon seit frühester Jugend eine magische Anziehungskraft auf mich aus. Sie wurde dadurch verstärkt, dass ich am *Suso* mit Peter und Arno Sulger zwei lebenslange Freunde fand, deren Elternhaus, der *Verbrunnen-Hof*, in direkter Nachbarschaft der Kathedrale steht und einst die legendäre *Hofmetzg* der Gebrüder Sulger beherbergte. Unvergessen sind deren Schinkenspezialitäten und vor allem die Blätterteigtaschen von Mutter Erika. Unweit davon liegt – einer stillen Insel gleich – das ehrwürdige Dominikanerinnenkloster Zoffingen. Viele der längst nicht mehr lebenden frommen Frauen kamen zu meiner Mutter in die ärztliche Sprechstunde, darunter auch Schwester Maria Clara Messmer O. P. aus Hohentengen, eine entfernte Verwandte. So entstand eine besondere Beziehung, die neugierig auf das Mittelalter machte. Schließlich bewahrt das *Zoffingen* bis heute als einzige Institution die vielseitigen monastischen Traditionen des einstigen Bischofssitzes.

Doch kommen wir zu etwas Profanerem: Die Olympiasiege und Weltmeisterschaften der Konstanzer Ruderer, allen voran der berühmte *Bodenseevierer* mit Schlagmann Peter Berger (▶ Kapitel 1972) führten zu einer Mitgliedschaft im *Ruderclub Neptun* und in dessen Jugend-Rennmannschaft. Während des Trainings lernten wir den westlichen See vom Wasser aus kennen und knüpften Kontakte zum Beispiel nach Radolfzell und zu unseren dortigen Ruderkameraden und -kameradinnen. Das Tägermoos, das Wollmatinger Ried, Gottlieben (▶ Kapitel 1251), Ermatingen, die Reichenau (▶ Kapitel 811), Allensbach von der Seeseite. Noch heute zehre ich von den schönen Eindrücken während der anstrengenden Trainingseinheiten.

Zum Fischessen fuhren wir regelmäßig nach Ermatingen, Mannenbach oder Kreuzlingen. Damals war die D-Mark erheblich mehr wert als der Schweizer Franken, und so traf man sich im Thurgau mit seinen Freunden und Verwandten. Zwar hatten Nationalsozialismus und Krieg Bunker entstehen lassen (▶ Kapitel 1937) und Gräben aufgeworfen, aber viele Verbindungen blieben bestehen oder wurden wieder aufgenommen. Dabei spielten persönliche und wirtschaftliche Gründe eine Rolle, schließlich gab es viele Firmen, die diesseits und jenseits der Grenze weiter Fabrikationsräume besaßen. Die berühmte Zeltfabrik Stromeyer zum Beispiel oder die nicht weniger bekannte Kleiderfabrik Straehl, deren Erbe 1942 mit meiner Mutter zusammen im Suso-Gymnasium (damals Schlageter-Gymnasium) Abitur machte und später eine Tochter des Grafen Lennart Bernadotte von der Insel Mainau (▶ Kapitel 1732, 1827) heiratete.

An dieser Stelle möchte ich mein eher ungewöhnliches Vorwort beenden. Vieles gäbe es noch zu erzählen, aber dieses Buch soll keine Familiengeschichte sein, sondern ein spannender Lesestoff über Konstanz und sein westliches Umland. Grenzüberschreitend selbstverständlich. Denn Grenzen sind mehr oder minder willkürlich von Menschen gemacht und ihre Ziehung oft reiner Zufall. Das gilt besonders für den Bodensee. Als der *Liebe Gott* nämlich vor unendlicher Zeit die Erschaffung der Welt mit dem westlichen Teil des Sees abschloss, warf er einen letzten Krümel Erde auf den Planeten und sprach – der Überlieferung nach – die Worte: *Jetzt hör i uf.* Die Erde landete ganz im Südwesten, dort, wo sich der See schon wieder zum Rhein verengt. Seither heißt diese Gegend bekanntlich *Höri*. Der *Liebe Gott* hatte bei seiner Schöpfung sicher keine Grenzen vorgesehen. Ein Verständnis dafür zu wecken, ist mir Bedürfnis.

15 000 vor Christus

Lascaux am Bodensee

Mit dem Rückzug der Gletscher begann die menschliche Besiedelung am westlichen Bodensee. Oder besser gesagt in den Landstrichen, die heute als Hegau beziehungsweise Klettgau bezeichnet werden. Bis die ersten Menschen auch auf dem Bodanrück und dem Seerücken bis Konstanz leben konnten, brauchte es noch eine ganze Weile. Denn der mächtige Eispanzer zog sich langsam, sehr langsam zurück.

Die Altsteinzeit liegt unendlich weit von uns entfernt, so empfinden heutige Leserinnen und Leser jedenfalls meist. Kaum jemand interessiert sich dafür und glaubt, dass es in seiner nächsten Umgebung Spuren davon gibt. Viele kennen aber Martin Walker und seine Kriminalromane rund um die UNESCO-Welterbestätte Lascaux. Ebenfalls Altsteinzeit! So etwas gibt es am westlichen Bodensee? Allerdings! Jedoch unterschieden sich die Lebensumstände von damals am Bodensee stark von heute: Die Temperaturen lagen viel niedriger, und die Umwelt bestand aus einer Steppenlandschaft, in der an begünstigten Stellen Sträucher wie Sanddorn und vereinzelte Bäume wie Kiefern oder die Moor-Birke wuchsen. Erst nach dem kompletten Ende der Eiszeit wuchsen zusammenhängende Wälder.

Bei den am Rand des Gletschers lebenden Menschen handelte es sich um nomadisierende Jäger und Sammler. Obwohl sie bereits Zelte und das Feuer kannten, suchten sie nach wie vor den Schutz von Felsüberhängen und in Höhlen(eingängen). Auf der Suche nach günstigen Jagd- und Feuchtgebieten mit verwertbaren Pflanzen durchwanderten sie die Landschaft. An günstig gelegene Orte kehrten sie gerne zurück, aber an feste Siedlungsplätze kann noch lange nicht gedacht werden.

Im Eiszeitpark bei Engen und auf den drei Steinzeitpfaden bei Thayingen lässt sich ein Blick auf diese längst untergegangene Welt werfen. Direkt unter dem Petersfels rekonstruierten Wissenschaftler an originaler Stelle die späteiszeitliche Landschaft und ihre Vegetation. Durch das gesamte Tal führt ein knapp vier Kilometer langer, meist gut ausgebauter Wanderweg, der von zahlreichen Tafeln flankiert wird. Ein Pavillon gegenüber dem Felsen informiert über das neu angelegte sensible Ökosystem der Moorlandschaft.

Das Brudertal und seine umliegenden Formationen sowie das Kesslerloch gelten als bedeutende Fundstellen der Altsteinzeit. *Lascaux* am Bodensee also. Zwar wurden bisher noch keine Wandmalereien entdeckt, dafür sind aber die unzähligen Schmuckstücke vom Petersfels weltberühmt, die oft in stilisierter Form Frauen darstellen. Im Zentrum steht die original nur wenige Zentimeter große, aus Gagat (fossiles Holz) gefertigte *Venus von Engen*.

Die sogenannte Venus von Engen.

4000 vor Christus

Pfahlbauer ohne Grenzen

Drei Welterbestätten gibt es am Bodensee: Sankt Gallen, die Insel Reichenau und seit mittlerweile über 10 Jahren auch die Pfahlbauten. Ein unsichtbares Erbe, das aufregender nicht sein könnte! Um was es sich dabei handelt? Spezielle Siedlungsreste aus der Stein- und Bronzezeit, die besonders rund um die Alpen in Erscheinung treten.

Man kann die Pfahlbauten heute nur schwer sehen, sie liegen tief unter der Wasseroberfläche des Sees verborgen. Ein Nachteil? Im Gegenteil! Gerade das scheinbar Unsichtbare macht eine Spurensuche umso spannender; dank aufmerksamer Mitmenschen kommen immer wieder spektakuläre Funde ans Tageslicht! So fanden umweltverbundene Stehpaddler im Seerhein bei Konstanz einen über 4000 Jahre alten Einbaum. Das älteste bisher bekannte Schiff am See.

Hintergründe und Fundstücke aus der Jungsteinzeit gibt es an vielen Orten zu besichtigen. Im Archäologischen Landesmuseum Konstanz, im dortigen Rosgartenmuseum oder im Frauenfelder Museum für Archäologie. In der Pfahlbau-Ausstellung in Dingelsdorf, dem Heimatmuseum Allensbach oder in Wangen. Hier, vor der Halbinsel Höri, bauten vor 6000 Jahren Menschen erstmals – wie es scheint – Gebäude auf Pfählen. Für die folgenden 3000 Jahre blieben diese Unterkünfte dann die beliebteste Wohnform am See.

Wer lieber zu Fuß oder mit dem Fahrrad Feldstudien betreibt, findet entlang des Seeufers immer wieder Informationstafeln zu den Hinterlassenschaften der Pfahlbauer. Über den aus Feuerstein gefertigten *Dolch von Allensbach* zum Beispiel, über Kleidungsreste und Schuhe aus Pflanzenfasern oder über ganze Siedlungsflächen wie in der Ermatinger Bucht. Zu Siedlungen gehören natürlich auch Pflanzen. Welche Sorten angebaut wurden, lässt sich im archäobotanischen Garten des Thurgauer Naturmuseums in Frauenfeld und im archäobotanischen Forschungs- und Schaugarten des Landesamts für Denkmalpflege in Hemmenhofen entdecken. In Beeten werden dort alte Kulturpflanzen angebaut, die seit der Jungsteinzeit in Mitteleuropa von Bedeutung waren. Ein kleines Arboretum setzt sich mit alten Obstsorten auseinander.

Dass Pfahlbauten aus einer Zeit ohne Nationalstaaten stammen, zeigt sich am Ausfluss des Sees zwischen Eschenz und Öhningen. Hier, am sogenannten Orkopf, befanden sich auf einer verschwundenen Halbinsel (jetzt Untiefe) mit Palisaden umgebene Dörfer. Heute verläuft die deutsch-schweizerische Landesgrenze direkt darüber; die kostbare Fundstätte wird daher vom Landesamt für Denkmalpflege Baden-Württemberg und dem Amt für Archäologie Thurgau gemeinsam geschützt.

Pfähle in der Strömung – Fundstelle Eschenz, Orkopf, auf der Landesgrenze.

800 vor Christus

Geheimnisvolle Welt der Kelten

Zwischen 700 und 800 vor Christus ließen sich im Rahmen einer Art Völkerwanderung die Kelten an den Ufern des Bodensees nieder. Eine ausgesprochene Stadt scheinen sie hier zwar nicht gegründet zu haben, aber eine Vielzahl von größeren und kleineren Siedlungen. Konstanz ist nur eine davon. Im Hegau, Thurgau und auf dem Bodanrück lassen sich ihre Hinterlassenschaften gut entdecken.

Wer waren die Kelten eigentlich? Es handelte sich um miteinander verwandte Stämme, deren Kultur sich zwar in vielen Bereichen ähnelte, sich aber oftmals auch unterschied. Einen einheitlichen Staat – wie später das Römische Reich – bildeten sie nicht. Die Menschen wohnten in verstreut liegenden Gehöften mit einfachen Häusern aus Fachwerk. Ihre Felder, Beete und Nutzflächen zäunten sie mit Weidengeflecht ein.

Auch wenn Historikerinnen und Historiker gelegentlich davon sprechen, der Name Konstanz käme aus dem Keltischen und würde Wasserburg bedeuten, einen Beweis dafür gibt es nicht. Archäologisch lässt sich im Bereich des heutigen Münsterhügels und in der Niederburg eine recht bedeutende Siedlung nachweisen, die vielleicht sogar über einen (kleinen) Hafen verfügte. Mehr aber auch nicht. Ob es sich dabei um ein Oppidum, eine stadtartige spätkeltische Siedlung, handelte, muss offenbleiben. Die Funde (Keramik, Münzen, Fibeln, Wehranlagen und Gebäudereste) lassen keinen eindeutigen Schluss zu. Anders sieht es rheinabwärts aus. Etwa fünf Kilometer westlich des Rheinfalls von Schaffhausen lag sogar ein Doppel-Oppidum: Altenburg-Rheinau.

Die sagenumwobenen Kelten hinterließen ungezählte und noch längst nicht sämtlich entdeckte Spuren. Rund um den See lebten hoch spezialisierte Handwerker, Bauern, Krieger und Kaufleute. Am Hohenhewen zwischen Anselfingen und Welschingen findet sich auf einem Areal von circa 65 Hektar eine Großsiedlung, in der wertvolle Gebrauchsgegenstände produziert, aber auch gehandelt wurden. Immer wieder stoßen Archäologen auf größere und kleinere Siedlungen mit Kultstätten, Viereckschanzen (durch Wall und Graben gesicherte Gehöfte) oder Gräberfelder verschiedenster Art.

Die unter der Erde verborgenen keltischen Hinterlassenschaften üben auf den heutigen Menschen eine fast magische Kraft aus. Wie sind sie zu erkennen? Oft führen Gewannnamen auf die richtige Spur. Der *Heidenbühl* bei Allensbach-Kaltbrunn etwa oder der *Ameisenberg* (zu lesen *Am-Eisen-Berg*) bei Dettingen.

Mit dem Einmarsch der Römer endet die Zeit der Kelten Stück für Stück. Eine keltisch-römische Mischbevölkerung gibt für die nächsten 350 Jahre den Ton an.

Keltischer Hort- oder Schatzfund mit Silberstateren aus dem Tägermoos.

15 vor Christus

Rom in der Provinz

Um 15 vor Christus drangen die Römer bis an den Bodensee vor und vermischten sich mit der einheimischen Bevölkerung. Sie schufen stadtähnliche Strukturen, gründeten Dörfer und legten luxuriöse Villen in traumhafter Lage an. Obwohl die Eroberer ihre eigene Kultur mitbrachten, verschwand das Vorhandene nicht; es wurde einfach integriert.

Die Anwesenheit Roms verlief nicht einheitlich, sondern in mehreren Phasen. Der spätere Kaiser Tiberius (42 vor bis 37 nach Christus) stieß mit seinen Soldaten 15 vor Christus zunächst an den westlichen Bodensee vor. Hier kam es zu einer Seeschlacht gegen den keltischen Stamm der Vindeliker. Als Stützpunkt diente den siegreichen Römern entweder die Insel Reichenau, die Insel Mainau oder der Bodanrück. Zur Sicherung ihrer neuen Gebiete legten die Römer anschließend in bestehenden keltischen Ortschaften (zum Beispiel Konstanz oder Eschenz) kleinere Garnisonen an.

Dass damit die bestehende Kultur der Kelten nicht unterging, zeigt sich unter anderem an einer 1977 in Eschenz gefundenen faszinierenden Holzstatue. Es handelt sich um eine circa 61 Zentimeter große Figur mit langen, in den Nacken fallenden Haaren, die einen großen Kapuzenmantel trägt. Aufgrund vergleichbarer keltischer Funde nehmen die Thurgauer Archäologen an, dass eine – für diese Zeit typische – keltische Stifterin oder ein Stifter dargestellt ist. Dank dendrologischer Untersuchungen konnte ihr Entstehungsdatum auf um das Jahr eins bestimmt werden.

Je weiter sich die Grenze des römischen Reiches nach Norden verschob, umso weniger bestand die Notwendigkeit, Truppen am westlichen Bodensee zu stationieren. In Konstanz entwickelte sich neben dem kleinen Militärlager eine Zivilsiedlung, in der Handwerker und Händler friedlich lebten. Das römische Recht und eine gute Infrastruktur sorgten für Wohlstand.

Im Hegau und Thurgau entstand Stück für Stück ein gut ausgebautes Wegesystem, das kleinere Ortschaften und Gutshöfe miteinander verband. Diese *villae rusticae* genannten Landsitze prägten das westliche Bodenseegebiet in römischer Zeit. Besonders schöne Beispiele finden sich in Tengen-Büsslingen, in Engen-Bargen, in Eigeltingen oder in Hüttwilen.

Ab etwa 260 nach Christus kam es im Rahmen der beginnenden Völkerwanderung von Norden aus zu immer massiveren germanischen Angriffen, die auch das westliche Bodenseegebiet verwüsteten. Die verbliebene Bevölkerung suchte in neu gegründeten Kastellen und in befestigten oder schwer zugänglichen Höhensiedlungen Schutz. Um 290 wurde als Grenzverlauf das südliche Bodensee- und Rheinufer festgelegt. Hegau und Bodanrück gingen verloren.

Spätantike Statue eines Mannes im Kapuzenmantel, Eschenz.

350

Vale Romani – Salve Alemanni

Lebt wohl, Römer – Alemannen, seid gegrüßt! Ein genaues Datum, an dem die Alemannen das Bodenseegebiet betraten, lässt sich nicht bestimmen. Wahrscheinlich handelte es sich um einen schleichenden Prozess. Das einst als unschlagbar geltende Imperium Romanum verpflichtete germanische Hilfstruppen, um seine Grenze zu verteidigen, und zog sich selbst zurück. Erneut kam es zu einer Völkervermischung.

Ein massiver Klimawandel war wohl die Ursache dafür, dass immer mehr germanische Stämme nach Süden aufbrachen. Sie zerstörten die römischen Grenzbefestigungen und drangen bis an die Alpen und darüber hinaus vor. Dass ihnen das gelang, lag nicht zuletzt auch an innenpolitischen Streitigkeiten im Römischen Reich. Bei der heute als Alemannen bezeichneten Völkerschar handelte es sich zunächst um keinen einheitlichen Stamm, sondern um ein Gemisch verschiedener Germanengruppen. Entgegen der bisherigen Lehrmeinung fand die Einwanderung nicht blutig statt, sondern gestaltete sich als ein relativ friedlicher Vorgang. Südlich des Bodensees verblieben Siedlungen mit einer keltisch-römischen Bevölkerung, die bereits dem Christentum angehörte. Sie unterstanden dem besonderen Schutz der alemannischen (später fränkischen) Herzöge und Könige. Für das Nordufer und sein Hinterland galt dies weniger. Hier hatte der christliche Glaube auch in römischer Zeit kaum eine Rolle gespielt.

Relativ spät, erst zu Beginn des siebten Jahrhunderts, überquerten die Alemannen in größerer Zahl den Rhein und Bodensee. Noch heute lässt sich diese Entwicklung anhand von Siedlungsnamen nachvollziehen. Bezeichnungen wie Güttingen, Ermatingen, Watterdingen gehen auf diese Zeit zurück.

Die Alemannen verstanden sich primär als selbstständige Ackerbauern und Krieger. Im Gegensatz zu den Römern war ihnen das Zusammenleben in Städten fremd. Einen Austausch mit entfernteren Stämmen scheint es nur in geringem Maße gegeben zu haben. In Konstanz blieben das Kastell und die zivile Bebauung weiter bestehen; sie dienten den Ankömmlingen und der verbliebenen Bevölkerung als Siedlung. Die Einwanderer übernahmen teilweise die vorgefundene römische Infrastruktur und unterhielten diese so weit wie möglich. Auf diese Weise entstand die spätere Bischofsmetropole. Auch auf dem Land übte die römische Kultur bis zu einem gewissen Grad Vorbildfunktion aus. Bereits vorhandene Gemüse- und Obstsorten oder Wein wurden zumindest am Südufer ohne Unterbrechung kultiviert.

Um 500 endete die Selbstständigkeit der Alemannen; der Frankenkönig Chlodwig I. (466–511) besiegte sie in zwei Entscheidungsschlachten und gliederte die Unterlegenen in sein Reich ein.

Goldblattkreuz aus dem frühmittelalterlichen Gräberfeld Steckborn.

500

Christen und Heiden

Wahrscheinlich handelt es sich um die älteste noch bestehende Kirche weit und breit. Welches Alter das Gotteshaus genau besitzt, lässt sich noch nicht endgültig klären, aber archäologische Spuren weisen darauf hin, dass an der Stelle des heutigen Sankt Stephan schon sehr früh ein Gebäude stand. Mitten in einem Gräberfeld, vor den Toren des römischen Kastells Constantia und seiner Siedlung.

Die Römer pflegten ihre Toten meist außerhalb einer Stadt entlang von Landstraßen in mehr oder minder repräsentativen Gräbern zu beerdigen. Einen Tempel als zentralen Ort hielten sie nicht für nötig. Auch die am Bodensee lebende keltisch-römische Bevölkerung hielt sich an diese Tradition. Das änderte sich mit Kaiser Konstantin dem Großen (circa 270 bis 337) und dem Toleranzedikt von Mailand. Das Christentum stand nun gleichberechtigt neben den heidnischen Göttern. Da Christen nicht nur im Leben, sondern auch im Tod gemeinsam auf die Auferstehung warten wollten, legten sie Friedhöfe an. Mit dem Bau von einer Kirche darin sollte die Nähe zu Gott zum Ausdruck kommen.

So ereignete es sich auch in Konstanz. Das bereits vorhandene spätrömische Gräberfeld vor den Toren der Siedlung erhielt eine Kirche. Wahrscheinlich nutzten die Gläubigen dazu einen schon existierenden Profanbau, von dem sich aber kaum mehr Spuren erhalten haben. Als gesichert gilt, dass schon vor dem Beginn des Bistums ein dem Heiligen Stephan geweihtes Gotteshaus existierte, das im Rahmen der Stadterweiterung immer wieder verändert und schließlich zur repräsentativen Pfarrkirche aus- und umgebaut wurde. Sankt Stephan stand und steht in Konkurrenz zum Münster, das als Dom des Bistums Konstanz dem Bischof und seinem Domkapitel diente, während die Markt- und Bürgerkirche – wie der Name schon sagt – im Leben der Bürger die Hauptrolle spielte. Hier wurde traditionell an Neujahr der Bürgereid geschworen, hier predigte zu Beginn der Reformation erstmals Ulrich Zwingli, der einflussreiche Kirchenmann aus Zürich.

Von der romanischen Kirche aus dem 11. Jahrhundert lassen sich bauseitig nur noch wenige Spuren finden. Im Gegensatz zu heute lag ihr Chor im Westen, an der Stelle des jetzigen Hauptportals. Im 15. Jahrhundert erfolgte eine starke bauliche Veränderung. So wurden der spätgotische Chor und der (leicht schräge) Turm angebaut.

Aufgrund der radikalen Einstellung Zwinglis gegen Bildschmuck in Kirchen haben sich auch kaum ursprüngliche Einrichtungsgegenstände erhalten. Die heute zu bewundernden mittelalterlichen Kunstwerke stammen meist aus anderen Konstanzer Kirchen oder aus späterer Zeit. So stand das Chorgestühl im Münster.

Sankt Stephan, umgeben von Markt und Friedhof.

600

Der Bischof ist da

Die einen sagen, der Bischofssitz sei von Windisch nach Konstanz verlegt worden. Andere meinen, es handele sich um eine Neugründung mit dem Ziel, die noch heidnischen Alemannen zu christianisieren. Und wieder andere sind der Überzeugung, schon in der Spätantike habe ein Konstanzer Bistum bestanden. Nachweisen lässt sich ein Bischof mit Sitz in der Stadt um das 6. Jahrhundert.

Konstanz war bis zu seiner erzwungenen Auflösung (1821/1827) das größte deutschsprachige Bistum und gliederte sich in 64 Dekanate und zehn Archidiakonate. Sein Territorium erstreckte sich in etwa von den Alpen bis an die obere Donau und den Neckar sowie vom Rhein bis an die Iller. Grob gesagt, umfasste es das Zentrum des alemannischen Siedlungsraumes und bildete den Kern des alten Herzogtums Schwaben. Praktisch die gesamte deutschsprachige Schweiz wurde klerikal von Konstanz aus verwaltet. Das mag auch ein Grund dafür sein, dass Konstanz im Verständnis der Schweizer mit einem Augenzwinkern gerne als *Schweizer Stadt* bezeichnet wird.

Im Vergleich zur geistlichen Macht nahm sich die weltliche Herrschaft des Bischofs eher bescheiden aus. Sie beschränkte sich – neben wenigen Liegenschaften am nördlichen Seeufer – auf den seenahen Thurgau, das südwestliche Ufer des Untersees und die Höri. Der Begriff *Höri* bezeichnet noch heute nichts anderes als das ehemalige Gebiet der Hörigen (Untertanen) des Bischofs. Als weltlicher Herrscher stand der (Fürst-)Bischof in Konkurrenz zu den beiden mächtigen Abteien Sankt Gallen und Reichenau, später auch zu Herrscherfamilien wie den Kyburgern aus dem Thurgau oder den Nellenburgern aus dem Hegau. Parallel beanspruchten die Freie Reichsstadt Konstanz und die werdende Eidgenossenschaft Territorien.

Trotzdem gelang es den Bischöfen, ihren Sitz repräsentativ auszubauen. So schufen Konrad I. (um 900 bis 975) und Gebhard II. (949–995) in Konstanz ein zweites Rom sowie eine Kopie der Grabeskirche in Jerusalem. Bald schon wurde Konstanz gerne auch als *Konstantinopel des Okzidents* bezeichnet. Im hohen Mittelalter förderte besonders der aus dem Thurgau stammende Bischof Heinrich von Klingenberg (1240–1306) Kunst, Wissenschaft und Kultur auf allen Ebenen.

Bedingt durch die Reformation verlegte Bischof Hugo von Hohenlandenberg (1457–1532) die Residenz nach Meersburg. Seine Nachfolger bemühten sich, die Diözese neu zu ordnen und ihr wieder einstigen Glanz zu verleihen. Bis heute sichtbares Zeichen dieses Wirkens ist der prachtvolle Neubau des Schlosses in Meersburg, der aber gleichzeitig die hohe Verschuldung des Bistums noch weiter befeuerte.

Kapitell mit figürlicher Darstellung in der Krypta des Konstanzer Doms.

INRI

759

Auf den Spuren des Heiligen Otmar

Eigentlich hieß er Audo- oder Audemar und entstammte einem patriotisch gesinnten alemannischen Adelsgeschlecht. Dieser Umstand prägte sowohl sein eigenes Leben als auch die Geschichte am See. Otmar leitete das Kloster Sankt Gallen und führte es zu einer ersten Blüte. Sehr zum Ärger der fränkischen Herrscher. Er wurde schwerer Verbrechen bezichtigt, eingekerkert und starb auf der Insel Werd.

Das Leben von Otmar (um 689 bis 759) liest sich wie das Drehbuch zu einer modernen Serie, die von Machtkämpfen zwischen rivalisierenden Geschlechtern, persönlichen Intrigen, ehrgeizigen Menschen handelt und von jeder Menge Geld. Otmar lebte in der Entstehungsphase des modernen Europas.

Trotz mehrfacher militärischer Niederlagen akzeptierten die selbstbewussten Alemannen nicht die Herrschaft des fränkischen Königs. Sie suchten nach Auswegen, um ihre Eigenständigkeit wiederherzustellen und ihre Vermögenswerte dem Zugriff der ungeliebten Herrscher zu entziehen. Es kam zu großzügigen Schenkungen an das Kloster Sankt Gallen, was Neider auf den Plan rief. Dies waren vor allem die fränkischen Verwaltungskommissare und Bischof Sidonius von Konstanz (gestorben 760 – gleichzeitig Abt von Reichenau), der Sankt Gallen stärker an sich binden wollte. Otmar erkannte die Gefahr und setzte auf Annäherung.

Aber die Hoffnung trog. Auf dem *Gerichtstag von Cannstatt* (746) ließ der fränkische König Karlmann einen Großteil der alemannischen Führungsschicht anklagen und hinrichten. Otmar verfolgte weiter Deeskalation. Er führte die Regel des heiligen Benedikt ein, gründete soziale Einrichtungen und verschenkte Kirchenbesitz an notleidende Landsleute. Auf diese Weise gelang es ihm, deren Christianisierung weiter voranzutreiben. Viele Alemannen glaubten zu diesem Zeitpunkt noch an heidnische Gottheiten wie *Ziu*, den Kriegsgott. Auf seinen Namen geht der heutige Dialektausdruck *Zischtig* (Donnerstag) zurück.

Das Kloster schien aus fränkischer Sicht nicht kontrollierbar und musste entscheidend geschwächt werden. Diesmal traf es Otmar selbst. Er wurde verleumdet, eine Frau geschändet zu haben. Nach einer Kerkerhaft in der Königspfalz Bodman fand ein Schauprozess statt, dessen Urteil auf *Hungertod* lautete. Zu lebenslanger Haft begnadigt, starb der Abt auf der kleinen Untersee-Insel Werd.

Als Mönche aus Sankt Gallen zehn Jahre später seine sterblichen Überreste von Werd zurück in ihre Abtei holten, geschahen gleich mehrere Wunder. Die Erzählungen darüber sorgten dafür, dass nicht nur seine Reliquien, sondern auch das mittlerweile leere Grab Otmars bald zum frequentierten Pilgerziel avancierten.

Kapelle des Heiligen Othmar auf der Insel Werd.

811

Eine folgenreiche Reise

Das Kloster Reichenau und der westliche Bodensee gelten als Bindeglied zwischen dem Gartenwissen der Antike und der Gartenkunst des Abendlandes. Fachleute und Laien rätseln seit langer Zeit, woher die hier lebenden Menschen ihr Wissen bezogen. Eine wichtige Rolle dürften dabei Abtbischof Haito (762–836) und seine engen Beziehungen zum Hof Karls des Großen (um 747 bis 814) gespielt haben.

Haito entstammte einem alemannischen Adelsgeschlecht und wurde im Alter von nur fünf Jahren dem Kloster Reichenau zur Erziehung übergeben. Der begabte junge Mann stieg zum Leiter der dortigen Klosterschule auf und übernahm mit 40 Jahren die Bischofswürde von Basel. Etwas später wurde er auch zum Abt des Klosters Reichenau bestimmt. Im Auftrag Karls des Großen reiste er 811 als Leiter einer Gesandtschaft nach Konstantinopel. Ziel der Reise war die Anerkennung des karolingischen Kaiserreiches durch den byzantinischen Kaiser.

Nikephoros I. (um 760 bis 811) empfing die Gesandtschaft aus dem Frankenreich wochenlang nicht. Haito hatte also Zeit genug, die berühmten antiken Gärten von Konstantinopel eingehend zu studieren. In den Gebieten des Oströmischen und später Byzantinischen Reiches war das Gartenwissen lebendig geblieben und wurde weiter liebevoll gepflegt. Besonders die Gärten von Konstantinopel besaßen einen legendären Ruf. Leider gilt der ausführliche Reisebericht Haitos als verloren.

Interessant ist, dass praktisch zeitgleich am Hof Karls des Großen und auf der Reichenau das vorhandene Gartenwissen gesammelt und ergänzt wurde. So entstanden zum Beispiel die Handschrift *Capitulare de villis* (Landgüterverordnung) sowie der heute nach seinem Bestimmungsort Sankt Gallen benannte *Sankt Galler Klosterplan.* Haito gilt als Ideengeber für diesen Idealplan einer mittelalterlichen Klosterstadt. Die darauf festgehaltenen Gartenanlagen zeigen einen Arzneigarten (herbularius) mit 16 Beeten, einen Küchengarten (hortus) mit 18 Beeten und einen Obst- und Paradiesgarten, der gleichzeitig als Friedhof diente. Über Jahrhunderte hinweg orientierten sich Baumeister und Architekten bei der Anlage von Klostergärten an diesem Muster.

Haito brachte aber nicht nur antikes Gartenwissen zurück, sondern auch Wissen über Architektur. Dieses setzte er beim Umbau des Reichenauer Klosterkirche um. Sein Münster entstand nach dem Vorbild der Apostelkirche in Konstantinopel. Als besonders wertvolles Geschenk des oströmischen für den weströmischen Kaiser gilt die Orgel. Abtbischof Haito kehrte mit einem Exemplar ins fränkische Reich zurück; dank ihm verbreitete sie sich in der westlichen Kirchenwelt.

Die Reichenauer Klosterkirche mit Teilen aus dem frühen Mittelalter.

ADM
QVI
EOMS
LABOR
GO REFI

940

Majestas Domini

Diese Scheibe ist schlicht einzigartig! Es gibt nichts Vergleichbares. Entstanden um die Mitte des 10. Jahrhunderts, stellt sie ein wichtiges Verbindungsglied zwischen dem christlichen und dem islamischen Kunstschaffen dar. Zierscheiben dieser Art finden sich außer im Konstanzer Dom nur noch in der Hagia Sophia von Konstantinopel. Dort allerdings ohne Personendarstellungen, sondern in Form von Namensschildern.

Eigentlich grenzt es an ein Wunder, dass Besucherinnen sowie Besucher im 21. Jahrhundert vor dieser Scheibe (und ihren Geschwistern) stehen und sie bewundern können. Lässt man die einschneidenden Umbrüche der vergangenen etwa 1100 Jahre Revue passieren, dann ist der heutige Mensch in der Tat sprachlos.

Die Scheibe der *Majestas Domini* (Herrlichkeit Gottes) entstand neuesten Forschungen zufolge um das Jahr 940 als Zierscheibe für das Innere des damaligen Domes und seiner Annexbauten. Man geht derzeit davon aus, sie habe die Kuppel der durch Bischof Konrad (900–975) errichteten Kopie des Heiligen Grabes geziert und sei nach dessen Neubau (Mitte des 13. Jahrhunderts) an der östlichen Chorwand des Münsters, direkt unter dem Dachreiter, angebracht worden, zusammen mit je einem zu diesem Zweck geschaffenen Porträt des genannten, mittlerweile heiliggesprochenen Bischofs und des Heiligen Pelagius, des zweiten Konstanzer Haus- und Bistumspatrons. Eine Scheibe mit dem Johannesadler (als Symbol für den Heiligen Geist) schloss das Ensemble ab. Vermutlich ist genau diesem exponierten Standort zu verdanken, dass die Scheiben überlebten. Weder die Reformation noch die ebenso bilderstürmerische Auflösung des Bistums tasteten sie an. Sie gerieten, sprichwörtlich »Gott sei Dank«, in Vergessenheit, sonst wären sie aus der Region verschwunden. 1973 wurden Kopien gefertigt, die heute den Standort des 13. Jahrhunderts zieren. Von dort aus strahlen sie auf die Konstanzer Bucht, den Obersee und bis in die Alpen bei Lindau, Bregenz und Sankt Margarethen. Auf diese Weise begrüßen und verabschieden sie als »Licht der Christenheit« Angehörige aller Glaubensrichtungen. Die Originale befinden sich in der Krypta des Münsters.

Als Trägermaterial der *Majestas Domini* fungiert Nadelholz, auf das Kupfer montiert ist. Die Bleche erhielten eine Feuervergoldung, ergänzt mit Braunfirnis. Die Scheibe zeigt in der Mitte den thronenden Christus, der in seiner linken Hand eine Bibel hält und mit seiner rechten Hand segnet. Flankiert wird er von zwei Engeln, die mit ihren Armen und Händen den Herrn anbeten und verherrlichen. Auf den Buchseiten stehen Worte aus dem Matthäus-Evangelium: *Kommt alle zu mir, die ihr euch plagt, ich will euch erquicken.*

Die Majestas-Domini-Scheibe in der Krypta des Konstanzer Domes.

970

St. Georg – vom Hohentwiel nach Stein

Das Kloster Sankt Georgen in Stein am Rhein ist wohl eine der ältesten Klosteranlagen am westlichen Bodensee. Gegründet auf dem Hohentwiel, verlegte es Kaiser Heinrich II. (978–1024) an seinen heutigen Standort. Der Innenraum der Klosterkirche zeigt modellhaft, wie der Dom des Bistums Konstanz wohl bis ins 15. Jahrhundert ausgesehen haben muss.

Ein schöneres Beispiel, wie eng die Landschaft am westlichen Bodensee verbunden ist, gibt es kaum. Im Zentrum des Herzogtums Schwaben gelegen, entstand im 10. Jahrhundert auf dem Hohentwiel zunächst die Residenz der schwäbischen Herzöge. Burkhard III. (um 910 bis 973) und seine Frau, Herzogin Hadwig (um 940 bis 994), führten einen beeindruckenden Hof und gründeten dort 970 eine Klosteranlage. Diese unterstellten sie dem Heiligen Georg, dem Schutzpatron der schwäbischen Ritter.

Die Herzogin, eine Nichte Kaiser Ottos I. (912–973), war eine sehr selbstbewusste Frau. Nach dem Tod ihres Mannes behielt sie wesentlichen Einfluss auf die Politik, förderte den Sankt Galler Mönch Ekkehard II. (gestorben 990) nachhaltig und holte ihn auf den Hohentwiel. Er sollte Erzieher des späteren Kaisers Otto III. werden. Josef Victor von Scheffel (1826–1896) schuf mit seinem Roman *Ekkehard* dieser Geschichte ein bleibendes Denkmal. Auch in der Region engagierte sich die Herzogin-Witwe weiter. Sie übergab dem Kloster Reichenau umfangreichen Landbesitz am See, der während der Ungarneinfälle (954) verwüstet worden war.

Nach dem Tod der Herzogin geriet der Hohentwiel in Reichsbesitz. Kaiser Heinrich II. verlegte im Zusammenhang mit der Gründung des Bistums Bamberg das Kloster nach Stein am Rhein. Das in der Nähe ansässige Adelsgeschlecht der Herren von Klingenberg wurde später zu den Herren des Hohentwiel. Die Klosteranlage unterstand aber weiter dem Bischof von Bamberg.

St. Georgen zählt heute zu den schönsten und am besten erhaltenen Klöstern des Bodenseegebietes. Außer der Klosterkirche aus dem zwölften Jahrhundert stammen die erhaltenen Gebäude aus dem 15. und 16. Jahrhundert. Von herausragender Qualität sind einerseits die gotischen Wandmalereien in der Kirche und andererseits die aus der Renaissance stammenden Innendekorationen der Klostergebäude. Abt David von Winkelsheim (um 1460 bis 1526) erweiterte die Klosteranlage zum Rhein hin. Die Ausstattung der Räume zeigt den hohen Einfluss des Humanismus in der Region. Dies gilt insbesondere für den Festsaal, der als Empfangsraum für hohe Gäste diente. Er zeigt einen um 1515 entstandenen Freskenzyklus, der zu den frühesten Zeugnissen der Renaissance nördlich der Alpen zählt.

Das Kloster auf dem Hohentwiel – spätgotische Wandmalerei, Stein am Rhein.

59.
59.
18.
60.

983

Konstanz? – Petershausen!

Die Frage, ob es sich bei dem rechtsrheinisch gelegenen Stadtteil Petershausen um Konstanz handelt oder nicht, dürfte so alt sein wie die bekannte Siedlungsgeschichte. Noch heute behaupten überzeugte »Altstädtler«, »Petershäusler« besäßen krumme Finger. Das käme vom »Koffertragen«. Schließlich wohnten dort nur »Zugereiste«. So ganz stimmt das aber nicht. Schon in römischer Zeit lebten hier Menschen.

Man fühlt sich an Köln erinnert, wo die rechte Rheinseite die *Schäl Sick*, die *verkehrte Seite,* heißt. Wann und warum dieses Vorurteil entstand, wird hier wie dort kontrovers diskutiert. Da Konstanz wie Köln in der Hierarchie des Mittelalters zu den »Bauern des Reiches« zählte und das Rheinland bekanntlich an der Konstanzer Rheinbrücke (Rheinkilometer null) beginnt, drängt sich der Vergleich auf. Liegt es daran, dass der Rhein circa ab dem dritten Jahrhundert die Grenze des Römischen Reiches bildete und die rechte Rheinseite zum »wilden Germanien« gehörte, also keine Kultur (mehr) besaß?

Sehr viel später, erst 983, stiftete der heiliggesprochene Bischof Gebhard II. (949–995) am rechten Ufer des Rheins ein Kloster. Nach dem Vorbild des Petersdoms von Rom orientierte er die Klosterkirche nach Westen und gab seiner Gründung den Namen Petershausen. Damit vollendete Gebhard die Vision seines Vor-Vorgängers Konrad, die Bischofsstadt Konstanz zu einem *Zweiten Rom* auszubauen. 1159 vernichtete ein Brand die erste Anlage. Der Wiederaufbau schuf beeindruckende Gebäude im Stil der Romanik. Besonders die neue Klosterkirche und ihr Portal besaßen Berühmtheit.

Obwohl die Freie Reichsstadt Konstanz immer versuchte, Petershausen (auch eine Siedlung gehörte dazu) in ihren Machtbereich zu integrieren, gelang dies nie vollständig. Ähnlich wie heute noch Kreuzlingen vor den Mauern der Stadt gelegen, behauptete Petershausen nachhaltig seine Eigenständigkeit, gehörte aber als Klosteranlage zum mittelalterlichen Bild von Konstanz. Kein Wunder also, dass sich Konstanzer Bürger in Petershausen und seinem Hinterland Zweitwohnsitze, Garten- und Landgüter anlegten. Umgekehrt besaßen viele »Petershäusler« das Konstanzer Bürgerrecht, sodass eine Trennung zwischen beiden Gemeinden nur schwer möglich war.

Ende des 16. Jahrhunderts kam es zu einem Aufschwung; das Selbstbewusstsein wuchs dermaßen an, dass sich sogar Kaufleute aus Venedig in Petershausen niederließen. Im Rahmen des Reichsdeputationshauptschlusses (1806) kam es zur Auflösung des Klosters. Die Gebäude fielen als Schloss an die Großherzöge von Baden, die Klosterkirche wurde abgerissen.

Das rechtsrheinische Petershausen.

1180

Kunsthistorische Rätsel

Engen, Tengen, Blumenfeld sind die schönsten Städte der Welt, meint ein altes Sprichwort. Das Kompliment trifft mit Sicherheit zu, vor allem, wenn man das Zentrum von Engen betrachtet. Es zeugt von dem großen Selbstbewusstsein, das die einstige Hegau-Metropole bis heute ausstrahlt. Dazu hat sie auch allen Grund, denn seit der Eiszeit spielt Kunst hier eine herausragende Rolle.

Die Tradition beginnt mit der sogenannten *Venus von Engen* (▶ Kapitel 15 000 v. Chr.) und ihren Schwestern. Im Mittelalter fand sie mit einer heute nicht mehr zu identifizierenden Burg ihre Fortsetzung. 1170/80 legten die Herren von Hewen eine neue Stadt an. Für diese benötigten sie ein repräsentatives Gotteshaus. Die heutige Stadtpfarrkirche *Mariae Himmelfahrt* entstand. Allerdings war sie zunächst noch nicht die Hauptkirche. Erst 1364 änderte sich dieser Zustand. Die aus der Spätromanik stammende Säulenbasilika besaß ursprünglich eine Flachdecke und wurde später vielfach umgebaut. Trotzdem blieben mehrere bemerkenswerte Elemente aus dem zwölften Jahrhundert erhalten.

Am interessantesten sind wohl die vier romanischen Säulen des ehemaligen Hauptaltars (heute im Stadtmuseum Engen) und vor allem die beiden am originalen Standort erhaltenen Westportale: ihre Gewände sind mit hübschen Figuren, Tieren, Pflanzen, Dämonen und Ähnlichem verziert. Die mittlere Türe besitzt ein Tympanon mit einer Kreuzigung, die als Relief unterhalb des romanischen Bogens herausgearbeitet wurde: in der Mitte Christus am Kreuz, links von ihm Maria und rechts Johannes. Wer sich die Steinmetzarbeit genau ansieht, stellt schnell fest, dass hier kaum ein großer Meister am Werk gewesen sein kann. Erstaunlich, denn die Herren von Hewen hätten sich als eines der bedeutendsten Adelsgeschlechter im Hegau sicher einen solchen leisten können. Dann wird es noch rätselhafter: Der ausführende Handwerker verewigte sich direkt im Relief. Voller Stolz schreibt er: »DIZ MACHAT ANE SWERE RWDOLF DER MURERE« (*Dieses Werk machte ohne Schwere Rudolf der Maurer*). Er hinterlässt seinen Namen und auch seinen Beruf. Maurer und nicht Steinmetz, wie man erwarten würde. Heute eine unschätzbare Quelle, aber in der Romanik grenzt dieses Selbstbewusstsein an Gotteslästerung. Sich selbst und/oder seinen Namen direkt mit Christus, Maria und Johannes in Verbindung zu bringen, bedeutete einen absoluten Tabubruch.

War es Größenwahn oder ist das Tympanon eine Kopie aus späterer Zeit und Rudolf gar nicht der ursprüngliche Meister? Bis heute ist es nicht gelungen, dieses Rätsel zu entschlüsseln.

Romanisches Hauptportal der Stadtpfarrkirche von Engen.

1189

Sagenhafter Nebel

Obwohl auf den ersten Blick nur wenige Spuren aus keltischer und römischer Zeit erhalten blieben, spiegelt sich diese untergegangene Welt doch auf vielfache Weise in mehr oder minder bekannten Sagen wider. Ein schönes Beispiel ist das *Nebelmännle von Bodman*. In dieser Überlieferung vermischen sich Elemente und Grundlagen des Lebens am westlichen Bodensee aus den unterschiedlichsten Epochen.

Die Sage spielt zu einer Zeit, in der das Christentum schon lange Einzug gehalten hat. Heidnische Götter und der Glaube an sie scheinen besiegt. Trotzdem erzählt die Geschichte von lebendigem Nebel, menschenfressenden Erdmenschen und Waldfrauen, von See- und Berggeistern, von Wassernymphen, Trollen, Elfen und Zwergen. Alles Fabelwesen, die aus keltisch-römischer und germanischer Glaubenswelt stammen. Wein spielt eine zentrale Rolle, in römischer Zeit das vielleicht wichtigste Handelsgut am See. Daneben treten Elemente aus der abendländischen Geschichte auf: Minne und ritterliche Ehre, eheliche Treue, Kontakte mit dem Morgenland und die Glocke als Symbol für das Christentum.

Ein Ritter von Bodman, Herr über viele Rebhänge, ärgerte sich über den Nebel am See. Der Nebel störte das Wachstum seines Weines. Um den Ursprung des Nebels, das Nebelmännle, zu vertreiben, ließ er eine Glocke gießen. Seine Aktion war erfolgreich. Das Nebelmännle verließ zusammen mit seiner Partnerin, einer Waldfrau, und allen Naturgeistern den Bodanrück. Das Klima veränderte sich nachhaltig, der Ritter wusste aber nicht, warum.

Auf Befehl des Kaisers nahm er an einem Kreuzzug teil. Er verabschiedete sich von seiner geliebten Frau und riet ihr, wenn er nach sieben Jahren nicht zurückgekehrt sei, solle sie sich trotz ihrer großen Liebe wieder verheiraten. Die Reise führte den Ritter nach Arabien, dort geriet er in Gefangenschaft. Nach Jahren konnte er endlich fliehen. Der Edelmann irrte durch die Wüste und drohte zu sterben. Eine Frau, so dürr wie ein vertrockneter Wald, rettete ihn und gab sich als die Partnerin des Nebelmännles zu erkennen. Intensiv warnte sie den Ritter vor ihrem Mann, der seit seiner Vertreibung vom See aus Rache nur noch Menschenfleisch esse. Das Nebelmännle entdeckte den Ritter, tötete ihn aber nicht, sondern machte ihm ein Angebot. Wenn dieser die entsetzliche Nebelglocke in den See versenken würde, brächten ihn seine Geister im Nu zurück. So könne er die bevorstehende Hochzeit seiner Frau verhindern. Der Ritter versprach es. Ehe er es sich versah, befand er sich wieder zu Hause. Er schloss seine Frau in die Arme und ließ die Glocke versenken. Zum anschließenden Nebelfest kehrten alle Geister zurück, und die Natur war wie früher.

Der Ritter verabschiedet sich.

1251

Eine feste Burg

Was verbindet London und die Themse mit Konstanz und dem Rhein? Ein befestigter Gebäudekomplex am Ufer des entsprechenden Flusses, unweit des Zentrums der jeweiligen Stadt gelegen. Die Burg diente hier wie da als wehrhafte und einschüchternde Residenz, luxuriöses Gästehaus, dunkles Gefängnis und schließlich als prachtvolles Schloss.

Als Bischof von Konstanz hatte man es nicht leicht! Ständig kämpften die Oberhirten der Diözese gegen Geldknappheit, äußere Feinde, aufmüpfige Domherren und nicht zuletzt gegen die Bürger der eigenen Stadt. Diese strebten je länger umso mehr nach Selbstverwaltung und wollten die Rolle des Bischofs als Stadtherr nicht mehr akzeptieren.

Eberhard II. von Waldburg (gestorben 1274) kannte sich mit solchen Querelen aus. Um die rebellischen Bürger von Konstanz wirtschaftlich in die Knie zu zwingen, ließ er 1251 etwa drei Kilometer westlich seines Bischofssitzes an der engsten Stelle zwischen dem südlichen und nördlichen Ufer des Rheins eine Burg errichten. Das bereits vorhandene Dorf plante er zu einer Stadt auszubauen. Um sich Steuereinnahmen zu sichern, wurde zusätzlich eine Brücke erstellt. In der Folge gelang es Eberhard, die Selbstständigkeitsbestrebungen der Konstanzer Bürger wieder zu unterdrücken. Er kehrte als Stadtherr zurück und baute die Gemeinde Gottlieben deshalb nicht weiter aus. Die Burg aber nützte er als seine bevorzugte Residenz und starb dort wahrscheinlich auch.

Die Spannungen zwischen den Konstanzer Bischöfen und ihrer mittlerweile reichsfreien Stadt aber nahmen kein Ende. Eine bischöfliche Burg vor den Toren der Stadt bedeutete eine Provokation erster Güte. Mehrfach wurde sie deshalb zerstört und verändert wieder aufgebaut. Lediglich die beiden heute noch vorhandenen mächtigen Türme gehen auf das 13. Jahrhundert zurück. Ab 1415 diente Gottlieben immer wieder als Gefängnis: so zum Beispiel für den später hingerichteten böhmischen Reformator Jan Hus (1370–1415) oder für den abgesetzten Papst Johannes XXIII. (1370–1419). Mehr oder minder gleichzeitig nutzten die Bischöfe ihre Burg aber auch als repräsentatives Gästehaus. Robert Hallum von Salisbury (1370–1417), Leiter der englischen Delegation auf dem Konzil von Konstanz, lebte dort.

Auch wenn die Burg heute immer noch wie ein mittelalterliches Gebäude erscheint, täuscht der Eindruck. Der spätere französische Kaiser Napoleon III. (▶ Kapitel 1817) ließ die Burg 1837/38 zum Schloss umbauen. Seine Vision bestand darin, einen venezianischen Palazzo nachzubilden. Um diesen Eindruck erwecken zu können, verwendete er zum Beispiel gotische Fenster von den abgebrannten Kreuzgang-Flügeln des Konstanzer Münsters.

Schloss Gottlieben, ein Hauch von Venedig.

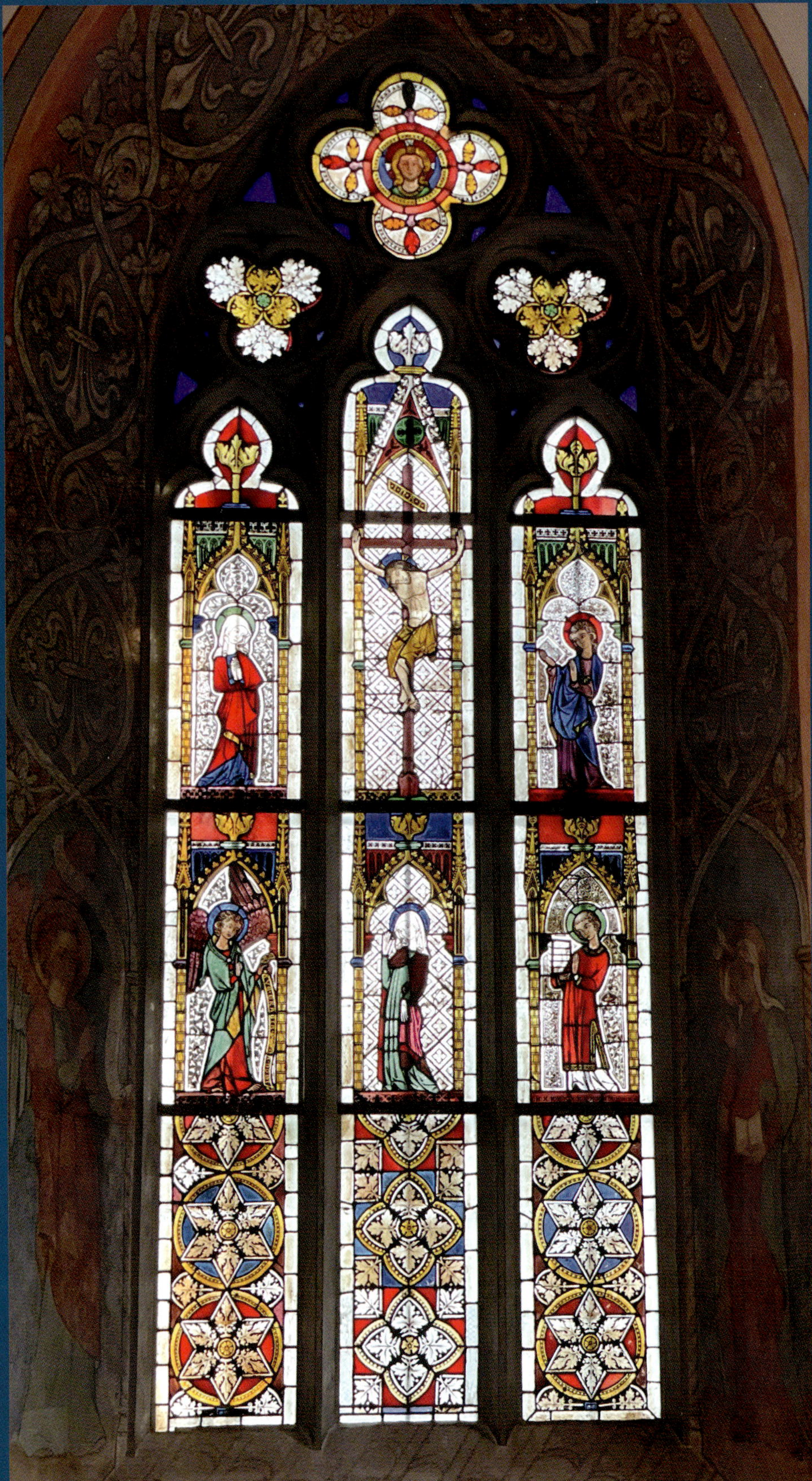

1300

Zeit der Minne – Zentrum der Kunst

Heinrich II. von Klingenberg (um 1240–1306) prägte die Zeit des Mittelalters wie kaum ein anderer. Das Stammschloss seines Geschlechts stand auf dem Seerücken bei Homburg. Er selbst wuchs auf dem Hohentwiel auf, trat in königliche Dienste, wurde Kanzler des Reichs und Pfleger des Klosters Reichenau. Schließlich Fürstbischof von Konstanz, wahrscheinlich der Höhepunkt seiner Laufbahn. Kein Wunder, dass Spuren seines Wirkens allgegenwärtig sind.

Prachtvolle Glasfenster wie die in der Kirche Sankt Laurentius in Frauenfeld oder die Kreuzigungsdarstellung in der Konstanzer Mauritius-Rotunde zählen genauso in die Zeit des Bischofs wie die berühmten Weberfresken im Haus *Zur Kunkel* oder der Märtyrer-Zyklus im Konstanzer Predigerkloster (heute Steigenberger Inselhotel). Der kostbare Reliquienschrein des Heiligen Markus und seine Pendants in der Schatzkammer des Münsters auf der Insel Reichenau entstanden ebenso in der Zeit um 1300 wie die sogenannte *Konstanzer Armenbibel* (das älteste deutschsprachige Buch dieser Art) oder das *Graduale* (Messbuch) *von Sankt Katharinental.* Schließlich der in Zürich gefertigte *Codex Manesse*, die umfangreichste und berühmteste Liederhandschrift des Mittelalters, und ihre kleine Schwester, die wohl in Konstanz gefertigte *Weingartner Liederhandschrift.* Der Minnesänger Johannes Hadlaub (um 1300, genaue Lebensdaten unbekannt) schuf Bischof Heinrich II., seinem Freund und Förderer, ein bleibendes literarisches Denkmal, indem er schrieb: »Wohl uns, dass der Klingenberger zum Bischof gewählt wurde (...). Er versteht sich auf Musik und Schriftstellerei, er ist ein Schatzhaus des Geistes und der Bildung. Seine Taten, sein Rat und seine Gelehrsamkeit sind unübertrefflich!«

Mit Heinrich II. erlebten Konstanz sowie sein Bistum, der Thurgau und der Hegau ohne Zweifel einen weiteren künstlerischen und historischen Höhepunkt. Aus ganz Europa strömten Einflüsse verschiedenster Art an den westlichen See und hinterließen dort mannigfache Spuren. Vieles blieb in der Region erhalten, aber ebenso viele der großartigen Kunstwerke sind heute über die ganze Welt verstreut.

Wo der Fürstbischof genau begraben liegt, geriet übrigens in Vergessenheit; einer unbestätigten Überlieferung nach befindet sich seine letzte Ruhestätte im Chor des Konstanzer Domes. Unweit der Stelle, an der die wortgewaltigen Predigermönche (Dominikaner) zu den Gläubigen sprachen. Er habe diesen Platz selbst gewählt, so ein Chronist, um alle die Worte zu hören und sich daran zu erfreuen oder – im Falle von Unwahrheiten – Einspruch zu erheben.

Gotische Glasfenster in der St. Laurentius-Kirche, Frauenfeld.

1388

Verkannter Mäzen

Der Konstanzer Bischof Otto III. von Hachberg (1388–1451) kommt in der Geschichtsschreibung meist nicht gut weg. Manchen Chronisten gilt er sogar als ein »verwirrter Kirchenfürst ohne Format«. Ein ungerechtes Urteil, denn der Bischof hinterließ nachhaltige Spuren wie kaum ein anderer.

Otto von Hachberg wurde 1388 als ältester Sohn des Markgrafen Rudolf III. von Hachberg-Sausenberg und der Anna von Freiburg-Neuenburg auf der Burg Rötteln bei Lörrach geboren. Eine Erkrankung (wahrscheinlich Epilepsie) führte dazu, dass Otto schon früh in die Laufbahn eines Geistlichen eintrat. Er studierte Grammatik sowie Kirchenrecht und erhielt anschließend die Weihe zum Subdiakon (erste höhere Priesterweihe). 1411 wählte das Konstanzer Domkapitel den erst 22-Jährigen zum Bischof, die dazugehörige Weihe erhielt er allerdings nie. Das mag heute verwundern, zählte aber im 15. Jahrhundert durchaus zu einer gängigen Kirchenpraxis.

Als Otto das Bistum übernahm, war es bereits hoch verschuldet. Keine gute Voraussetzung für einen leidenschaftlichen Förderer von Wissenschaft und Kunst! Dazu kam, dass sich das Konstanzer Domkapitel als Bedingung für seine Wahl ein Mitbestimmungsrecht in allen wichtigen Fragen sicherte. Das heißt, der Bischof musste über sein Handeln permanent Rechenschaft ablegen. Konflikte waren also vorprogrammiert.

Krankheitsbedingt dankte Otto III. 1424 ein erstes Mal zugunsten des Domkapitels ab. Bereits drei Jahre später, 1427, widerrief der Bischof seinen Rückzug und versuchte, die Verwaltung des Bistums wieder an sich zu bringen. Das gelang ihm teilweise auch, allerdings eskalierte der Streit mit dem Kapitel so sehr, dass er den Bischofssitz zeitweise nach Schaffhausen verlegte. Eine nachhaltige Lösung erfolgte erst 1434. Bischof Otto resignierte endgültig, nahm das Konstanzer Bürgerrecht an (eine für Kleriker mehr als ungewöhnliche Maßnahme) und bezog ein Haus in der Nähe des Franziskanerklosters. Dort baute er eine erstaunliche Privatbibliothek auf und nahm als Privatgelehrter am Klosterleben der benachbarten Mönche teil.

Architektur scheint eine der großen Leidenschaften dieses bemerkenswerten Bischofs gewesen zu sein. Während seiner Regentschaft begann die Erweiterung des Konstanzer Domes im gotischen Stil, auch die (heute nicht mehr vorhandene) Bischofspfalz wurde maßgeblich von ihm beeinflusst. Bischof Otto starb am 12. November 1451 und wurde in der von ihm selbst gestalteten Margareten-Kapelle des Münsters beerdigt. Sein Grab, die darüber befindlichen Wandmalereien und die Fragmente der spätgotischen Glasfenster zählen heute zu den großen Schätzen des westlichen Bodensees.

Als Zeichen der Gelehrsamkeit hängt eine gemalte Brille neben dem Grab des Bischofs.

EMANVEL CHRYSOLORAS
GRAMMATICVS GRAECVS.

Patria, Roma Noua; est Vetus altera patria Roma:
In Latium per me Græcia ducta venit.

EMANVEL

1415

Europa sähe vielleicht anders aus

Wenn heute über das Konstanzer Konzil gesprochen wird, fallen die Schlagworte *Reinheit des Glaubens, Reformation an Haupt und Gliedern* sowie *Einheit der Kirche.* Letztere steht meist im Zentrum der Betrachtung. Allerdings wird dabei immer nur an das *große abendländische Schisma* gedacht, die Spaltung der römisch-katholischen Kirche mit drei Päpsten.

Die Einheit der christlichen Kirche bestand aber schon lange vorher nicht mehr. Bereits 1054 und später noch einmal 1204 hatte es eine Trennung zwischen der römisch-katholischen und der griechisch-orthodoxen Glaubensrichtung gegeben. Beide Seiten standen sich politisch und theologisch unversöhnlich gegenüber. Eine Annäherung schien undenkbar. *Lieber den Turban des Sultans als die Tiara des Papstes,* lautete ein seinerzeit in der Orthodoxie gebräuchliches Sprichwort.

Immer größere militärische Erfolge der mohammedanischen Türken gegen das byzantinische Reich änderten die Situation nachhaltig. Um den Vormarsch des Islam auf Konstantinopel zu stoppen, benötigte der oströmische Kaiser dringend Unterstützung durch die römisch-katholische Welt. Trotz aller Gegensätze musste er einlenken, die Situation ließ ihm keine andere Wahl. Kaiser Manuel II. (1350–1425) war zu weitestgehenden Kompromissen bereit. Rege schriftliche und persönliche Verhandlungen begannen.

Manuel beauftragte damit unter anderem seinen Freund, den heute weitgehend vergessenen byzantinischen (oströmischen) Diplomaten und Gelehrten Manuel Chrysoloras (1353–1415). Chrysoloras hatte lange in Italien gelebt und dort griechische Literatur und Philosophie gelehrt. Im Auftrag seines Kaisers reiste er zu Beginn des 15. Jahrhunderts an die großen Höfe der westlichen Welt, um Unterstützung für Byzanz zu erreichen. Höhepunkt seiner Missionen hätte die Teilnahme am Konstanzer Konzil (1414–1418) sein sollen. Dort, wo während vier Jahren die gesamte bekannte Welt versammelt war, rechnete er sich die besten Chancen für sein Anliegen aus.

Geschichte geht meist ihre eigenen Wege. Bevor Chrysoloras Verhandlungen mit dem römisch-deutschen König Sigismund (1368–1437) und dem Klerus aufnehmen konnte, verstarb er kurz nach Beginn des Konzils im April 1415 an einer rätselhaften Krankheit. Er wurde in der Kirche des Konstanzer Prediger- oder Dominikanerklosters vor dem Hochaltar beerdigt. Dort, wo sich heute die sogenannte *Zeppelin-Bar* befindet. Hätte der vielseitige Wissenschaftler und Politiker Erfolg gehabt, wäre aus der Hagia Sophia, einst die größte Kirche der Christenheit, vielleicht nie eine Moschee geworden.

Manuel Chrysoloras, Wissenschaftler und Politiker.

1474

Hans von Waltheym, Pilgrim

Die Anlage einer Prozessionskrypta im Konstanzer Dom (wohl 7. Jahrhundert; nach dem Vorbild von Alt-St.-Peter in Rom) deutet darauf hin, dass schon in dieser Zeit zahlreiche Pilgerinnen und Pilger den Bischofssitz besuchten. Im 9. Jahrhundert erregten die Reliquien des Heiligen Pelagius Aufmerksamkeit, und im 10. Jahrhundert war es die Stadt selbst, um derentwillen man nach Konstanz pilgerte.

Die später heiliggesprochenen Bischöfe Konrad (900–975) und Gebhard (949–995) bauten ihren Bischofssitz nach dem Vorbild der heiligen Stadt Rom aus und schufen in der *Mauritius-Rotunde* eine Nachbildung des Heiligen Grabes von Jerusalem. Zahlreiche zusätzliche Reliquien sorgten für einen bis zur Reformation nicht abbrechenden Pilgerstrom.

Dabei besuchten die Wallfahrer aber nicht nur Konstanz selbst, sondern auch die Pilgerziele der Umgebung. Leider gibt es kaum Berichte über solche Reisen. Die wichtigste Überlieferung stammt aus der Feder des Ratsherrn Hans von Waltheym (um 1422 bis 1479) aus Halle an der Saale. Er unternahm 1474/75 eine Pilgerreise in die Provence. Zweimal streifte er dabei den westlichen Bodensee.

Waltheym berichtet unter anderem vom Grab des heiligen Konrad im Münster, vom Haupt des heiligen Gregor in Petershausen, von der Grabstelle des heiligen Gebhard, von den Reliquien des heiligen Markus auf der Reichenau und anderen dort zu sehenden Heiligtümern und dann natürlich über den »großen Gott« (ein überlebensgroßes Kruzifix aus Holz) von Schaffhausen. Besonders beeindruckte ihn darüber hinaus die Geschichte des wundertätigen Kreuzes von Bernrain.

Außer für Heiligtümer interessierte sich Hans von Waltheym aber auch für seinen jeweiligen Aufenthaltsort. So hinterließ er eine detaillierte Beschreibung von Konstanz und seiner Umgebung im ausgehenden 15. Jahrhundert. Er spricht über seine Herberge *Zum Hecht*, über die Bewohner der Stadt, von der sehenswerten Hinrichtungsstätte des Reformators Jan Hus (um 1370 bis 1415) oder von der Chronik des Konzils (▷ Kapitel 1415, 1490). Badehäuser und die damit verbundenen Rituale verdienen genauso Erwähnung wie die Schifffahrten auf die Reichenau, nach Meersburg und zum Rheinfall. Neben Bekanntem lenkt Hans von Waltheym den Blick des heutigen Lesers auch auf Unbekanntes. Er schreibt: »In Konstanz haben die Bürger vor der Stadt sehr schöne Gärten, und besonders gibt es einen Garten am See, der gehört [...] einem Domherrn aus Zürich. Der ist ein Konstanzer Stadtkind. Sein Garten ist überaus schön, mit allen nötigen Häusern und Zubehör.« Damit liefert er den Beweis, dass am westlichen Bodensee schon im Mittelalter eine ausgeprägte bürgerliche Gartenkultur herrschte.

Pilgersegnung vor dem Konstanzer Dom.

1490

Der Hegau im Bild

Kaum zu glauben, das Radolfzeller Münster besitzt den höchsten Kirchturm rund um den Bodensee. Mit 82 Metern ist er vier Meter höher als der Konstanzer Dom! Die Obergeschosse des Turmes stammen zwar erst aus dem 19. Jahrhundert, der Höhenunterschied zeigt aber das Selbstbewusstsein der Untersee-Metropole: Radolfzell scheut den Vergleich mit Konstanz nicht, dessen Turmnadel auch erst 1852 entstand.

In der Tat, Radolfzell braucht sich absolut nicht zu verstecken. Es hätte nicht viel gefehlt und sogar der Bischofssitz wäre mehr als einmal in die Stadt am Untersee verlegt worden; schließlich galt Radolfzell als ein ausgesprochenes Zentrum des katholischen Hegau-Adels. Sympathien für niedere Stände oder gar die Reformation hegte man hier kaum.

Kein Wunder also, dass sich der spätgotische Neubau des *Münsters Unserer Lieben Frau* schnell zu einer Prestigefrage entwickelte. Vor allem, als sich in Konstanz ein neuer Bistumsstreit entwickelte: zwischen dem aus dem Thurgau stammenden Bischof Otto von Sonnenberg (um 1452 bis 1491), vom Domkapitel gewählt und vom Kaiser unterstützt, und dem vom Papst eingesetzten und vom habsburgischen Herzog Sigismund unterstützten Bischof Ludwig von Freiberg (1442–1480). Bischof Ludwig schätzte sich und seine Position mehr als selbstbewusst ein, wollte mit seinen Getreuen den Konstanzer Dom erstürmen und sich selbst inthronisieren. Als er damit scheiterte, floh er nach Radolfzell und regierte von hier aus während vier Jahren als Gegenbischof. Dazu benötigte er eine repräsentative (provisorische) Kathedrale, die mit Hochdruck ausgebaut wurde. Wer dafür spendete, erhielt einen Ablass des Papstes. Als Baumeister kam nur der Beste infrage, Matthäus Böblinger (1450–1505) aus Ulm. Um 1490 wendeten sich die Handwerker der Ausgestaltung des Innenraums zu.

Aus dieser Zeit hat sich als Wandmalerei die wohl älteste bekannte Darstellung von Radolfzell, dem westlichen Bodensee und den Hegaubergen erhalten. Der unbekannte Künstler steht stilistisch der Chronik des Konstanzer Konzils von Ulrich Richental (um 1470) nahe. Er verlegte die Kreuztragung Christi an den Untersee. Biblische Szenen in eine für die Betrachter bekannte Landschaft zu verlegen, galt im späten Mittelalter als eine durchaus legitime Vorgehensweise.

Die Stadtansicht auf der rechten Seite gilt unter Kunsthistorikern als ein schematisches Abbild von Radolfzell. Davor zeitgenössische Bürgerinnen und Bürger der Stadt, erkennbar an ihrer Kleidung, die in manchen Details der heute bekannten Tracht ähnelt. Im Hintergrund die charakteristischen Vulkane des Hegau.

Radolfzell und der Hegau im späten Mittelalter.

1499

Eine starke Frau

Apollonia Humpis (um 1460 bis 1505) war eine interessante und wohl auch sehr emanzipierte Frau. Dennoch fand ihr Leben bisher kaum Beachtung. Als Mitglied der wohlhabenden Konstanzer-Thurgauer-Hegauer und Ravensburger Kaufmanns-Dynastie Humpis-Muntprat-Brysacher stand sie mitten in einer Epoche des politischen Umbruchs. Wer könnte besser als sie selbst davon erzählen?

Im Namen der Heiligen Dreifaltigkeit Amen! Dies ist – soweit ich sie aus Urkunden und Erzählungen zusammentragen konnte – die Geschichte meiner und meines Mannes Familie. Ich, Apollonia, bin um 1460 in Ravensburg als Tochter der berühmten und auf dem ganzen Erdenkreis tätigen Leinwandgroßhändlerfamilie Humpis geboren. Mein Großvater war der sagenumwobene Henngi Humpis (um 1346 bis 1429). Zusammen mit seinem Konstanzer Kollegen Lütfried Muntprat (gestorben 1447) gilt er als Gründer der *Großen Ravensburger Handelsgesellschaft*. Von meinen Vorfahren habe ich nicht nur ein großes Vermögen, sondern auch die Freude am Handeln geerbt. Vor meiner Hochzeit stand ich als Einkäuferin im Dienst der obigen Gesellschaft. Ungewöhnlich für eine Frau? Nicht in unseren Kreisen!

Mein Schwiegervater, Marquard Brysacher (gestorben 1461), stammte aus Konstanz, studierte in Wien Jura und kletterte am Hof Kaiser Sigismunds (1368–1437) die Karriereleiter unaufhaltsam empor. Sein Einfluss war enorm, er beriet den Kaiser in außenpolitischen Fragen. Fast nebenbei verdiente er ein Vermögen. Der Reichtum sei so groß, dass niemand ihn ermessen könne, schrieb ein zeitgenössischer Chronist über ihn und fuhr fort, Marquard wäre der wohl einflussreichste und bedeutendste Schwabe seiner Zeit.

Carlin, mein Mann, und ich, beschäftigten uns nahezu nur mit der Verwaltung unseres Geldes. Nebenbei waren wir noch Teilhaber der genannten Gesellschaft, die Leinwandhandel in ganz Europa und Afrika betrieb. Leider bekam ich keine Kinder, deshalb kümmere ich mich besonders um die armen und bedürftigen Frauen in der Konstanzer Elendenherberge Sankt Jos (Jodok) und um die Schwestern im Dominikanerinnenkloster Zoffingen. Ihnen lasse ich alle Unterstützung zukommen, die sie benötigen.

Natürlich lebten wir standesgemäß in einem riesigen Stadthaus an der Hofhalde in Konstanz. Daneben besaßen wir Landsitze; der liebste davon war uns der Narrenberg ob Ermatingen. Glück und Unglück zugleich; als 1499 der unsägliche Schwaben- oder Schweizer-Krieg ausbrach, fiel mein geliebter Carlin beim Versuch, ihn zu verteidigen. Ich habe ihn im Münster begraben. Neben ihm möchte ich ebenfalls zur letzten Ruhe gebettet werden.

Die Sylvesterkapelle des Konstanzer Doms, vermutete Grablege der Brysachers.

1511

Das Münster brennt

Hätte der Brand nicht stattgefunden, besäße Konstanz vielleicht ein Weltwunder. Die Rede ist vom Westwerk des Domes. Alles sah so vielversprechend aus. Nach langen Jahren des Stillstands befand sich die Turmfassade des Münsters kurz vor ihrer Vollendung. Was sie so einzigartig machte? Es handelte sich um ein Westwerk mit drei Türmen. Sensationell, nicht nur zu Beginn des 16. Jahrhunderts.

Es gab viele Gründe, davon auszugehen, dass die ambitionierten Modernisierungsarbeiten am Dom kurz vor ihrem grandiosen Abschluss standen. Die Chronisten berichteten überschwänglich vom wunderschönen gotischen Chorgestühl, von den neuen, aus Eiche über und über geschnitzten mächtigen Portaltüren, über die mächtige Orgelempore und das eigens vor Ort gegossene beeindruckende Glockengeläut. Es hing bereits im Westwerk, dessen himmelstrebender Aufbau noch eingerüstet war.

So etwas hatten die Menschen des Mittelalters noch nie gesehen! Ein Mittelturm, ja, natürlich, in Bern zum Beispiel oder im breisgauischen Freiburg. Die Form entsprach dem in Süddeutschland gebräuchlichen Stil. Auch die Idee für zwei Türme kannten die Zeitgenossen schon. Aus Basel oder aus Straßburg. Aber drei? Das war geradezu sensationell und wirklich repräsentativ. Dieser Bau zeugte von der Wichtigkeit und dem Selbstbewusstsein der Reichs- und Bischofsstadt und natürlich ihres Bistums. Der Mittel- und die beiden Seitentürme waren mit je einem aus Blei gefertigten Maßwerkhelm versehen, geziert von vergoldeten Wasserspeiern, sogenannten *Drachenköpfen*. Bei den *Goldenen Lilien* gab es eine Wächterwohnung und eine spezielle Sturmglocke, die bei Gefahren jeglicher Art geläutet werden sollte. Als Höhepunkt planten die Domherren, hier noch Erker anbringen zu lassen, damit die Wächter besser Ausschau halten konnten.

Übermut oder Schlamperei? Am 21. Oktober 1511 jedenfalls nahm das Verhängnis seinen Lauf. Ein heißer Lötkolben fiel in achtlos herumliegende Hobelspäne und entzündete sie. Anscheinend kümmerte sich niemand darum, denn zwei Stunden später brannten die Türme lichterloh. Das Feuer hielt Tage an, und das geschmolzene Blei regnete vom Himmel.

Trotz allen Entsetzens dachten die Konstanzer schon acht Tage später an einen Wiederaufbau. Der Papst schickte einen Ablassbrief zur Beschaffung von Geldmitteln, und der Kaiser versprach höchstpersönlich, das benötigte Kupfer zu spendieren. Pläne wurden gezeichnet und wieder verworfen. Dann kamen die Reformation und das Ende der Reichsfreiheit. Konstanz erging es wie vielen anderen Kathedralen des Mittelalters. Es dauerte mehr als 300 Jahre, bis das Münster eine neugotische Vollendung erfuhr.

Bisher unbekannte Ansicht der drei gotischen Münstertürme.

1525

Verdrängtes Morden

Sagen und Erzählungen berichten noch im 19. Jahrhundert davon und sprechen mit Abscheu von vielen gnadenlosen, ungerechtfertigten Hinrichtungen. Morden tagtäglich. Heutzutage ist allerdings kaum mehr die Rede davon. Im Hegau und Linzgau scheint der Bauernkrieg in Vergessenheit geraten zu sein. Selbst die moderne Geschichtswissenschaft setzt sich nur wenig damit auseinander. Erstaunlich!

Vergessen oder verdrängt, das ist hier die Frage. Schon nach den blutigen Kämpfen im sogenannten *Thurgauer Krieg* von 1460 schlossen sich auch im (westlichen) Bodenseegebiet aufständische Bauern zusammen, um dem Vorbild der Eidgenossenschaft zu folgen. Ihre Absicht wurde im Keim erstickt.

1525 schienen die Zeichen günstiger zu stehen. Die Bauern meinten in den Lehren Luthers und Zwinglis eine Grundlage und Rechtfertigung für ihren Aufstand zu finden. Eigentlich ging es um den zu leistenden Frondienst. Er schien oft rein willkürlich. So soll eine Gräfin von Lupfen ihren Untertanen befohlen haben, während der Erntezeit Schneckenhäuser zu sammeln, damit sie ihr Garn darauf wickeln könnte. Die Richtigkeit dieser Legende lässt sich heute nicht mehr prüfen, sie illustriert aber die Problematik deutlich. Nachdem Konstanz der Reformation huldigte und Herzog Ulrich von Württemberg (1487–1550) vom Hohentwiel aus versuchte, diese in seinem Land einzuführen, fiel dem vorderösterreichischen Radolfzell eine Schlüsselrolle im Kampf gegen die Bauern zu. Die Stadt hatte sich immer zum Katholizismus bekannt und gewährte vertriebenen Altgläubigen Schirm, Schutz und Unterkunft (▶ Kapitel 1490). Im Spätsommer 1524 berief die habsburgische Regionalregierung ein Treffen des katholisch gebliebenen *Schwäbischen Bundes* nach Radolfzell ein. Ziel war es, den bedrohlichen Aufstand niederzuschlagen. An vielen Hegauer Orten, in Aach, Watterdingen, Gottmadingen oder Hilzingen, kam es zu blutigen Gefechten. Die mittlerweile zur Reformation übergetretenen Bauern belagerten sogar Radolfzell selbst. Notwendiges militärisches Wissen besaßen sie über gut ausgebildete Soldaten und Führungspersonen, die in ihren Reihen kämpften.

Kaiser Karl V. (1500–1558) musste handeln. Er warb Söldner an und schickte seine fähigsten Heerführer. Schließlich gelang es, den sogenannten *Hegauer Haufen* zu besiegen. Aus Rache gestattete er, zahlreiche Dörfer niederzubrennen und Rädelsführer hinzurichten. Tausende kamen ums Leben.

Hegauer Chronisten berichten von solchen Gräueltaten. Unbarmherzig und ohne Untersuchung seien Unschuldige geköpft worden. Deshalb wachse auf manchem (provisorischem) Richtplatz weder Gras noch Laub. Auch Gespenster soll es dort geben.

Söldner ziehen mordend durch den Hegau.

EMGEN
FURSTEBERCH
THONESCHINGE
WARTENBERCH
GEISLINGE AN DER THONAW

1539

Narrenberg, ein lustick Schloss

Konstanzer Bürger der Reformationszeit gelten gemeinhin als radikale Glaubensanhänger, allen Freuden abgeneigt, auf Zucht und Ordnung bedacht und sogar der Fasnacht abhold. Diese Einschätzung veranlasste noch vor etwa 30 Jahren den damaligen Direktor des Stadtarchives, Professor Dr. Helmuth Maurer (1936–2018), zur Aussage, die Reformation habe genau aus diesem Grund in der Stadt scheitern müssen.

Das Augenzwinkern des Professors bei diesem Satz dürfte noch vielen seiner Studentinnen und Studenten in guter Erinnerung sein. Ob er mit seiner Vermutung richtiglag, lässt sich heute kaum mehr klären. Aber die Frage, wie ernst es denn die Konstanzer mit der Reformation wirklich hielten, bedürfte einer nachhaltigen Untersuchung.

Zu den Fakten: im Gegensatz zur Nachbarschaft im Hegau bekannte sich Konstanz schon früh zum Protestantismus und folgte dabei dem Vorbild von Zürich. Ambrosius Blarer (1492–1564) und andere Reformatoren verfolgten zwar teilweise einen selbstständigen Weg, orientierten sich in vielen Bereichen aber an den radikalen Einstellungen des Zürchers Ulrich Zwingli (1484–1532). Das sollte besonders für den Bilderschmuck in den Kirchen gelten. Allerdings … Wer genau hinschaut, stellt erstaunt fest, dass es die Konstanzer wohl doch nicht so genau nahmen. Im Münster zum Beispiel blieben der große Christus, die Portaltüren, das Chorgestühl mit seinen Heiligen und das beeindruckende Heilige Grab unzerstört. Aus zwinglianischer Sicht eigentlich Teufelswerk!

Auch im Privaten gestatteten sich zumindest Teile der Oberschicht großzügig Ausnahmen. Sebastian Gaissberg (gestorben 1548), mehrfacher Ratsherr und Bürgermeister (!), kaufte 1539 das schon vorher als luxuriös bekannte Landgut *Narrenberg* (heute Arenenberg) oberhalb von Ermatingen und errichtete dort nach dem Vorbild der toskanischen Medici-Villen ein repräsentatives *Lustschloss*. Dabei scheute er keine Kosten oder Mühen und legte einen Richtung See terrassierten *Lustgarten* im Stil der italienischen Renaissance an. Weinberge, Waldstücke, Grotten und Wasserspiele rahmen bis heute die Anlage ein.

Ein solch genussorientierter Lebenswandel blieb natürlich nicht unentdeckt. Mehrfach rügte der Rat Gaissberg *wegen seines unzüchtigen Auftretens*, was diesen aber nicht weiter interessierte. Trotzdem verstand er sich als Anhänger der Reformation. Kurz bevor habsburgische Truppen Konstanz besetzten, floh er per Schiff ins anhaltend reformierte Sankt Gallen. Dort starb er bald darauf. Den formidablen *Narrenberg* nutzte seine Frau als Witwensitz.

Sydonia von Streng mit dem Gut Narrenberg samt Renaissance-Garten.

1541

Engel des Trostes

Im Jahr der Geburt von Margarete Blarer (1493–1541) zeichneten sich nicht nur in Glaubensfragen gewaltige Umbrüche ab. Christoph Kolumbus (1451–1506) hatte kurz zuvor die *Neue Welt* (wieder-)entdeckt, und die Ideen der Renaissance und des Humanismus beeinflussten seit dem Konstanzer Konzil (1414–1418) auch die Staaten nördlich der Alpen. Frauen standen nun fast gleichberechtigt *ihren Mann.*

Apollonia Humpis (▷ Kapitel 1499) und Margarete hätten Mutter und Tochter sein können. Trotz vieler biografischer Ähnlichkeiten kann von einer solchen Verbindung keine Rede sein. Beziehungen gab es sicher, schließlich waren beide Familien im Leinwandhandel tätig, aber Apollonia hegte – soweit wir wissen – keinen Zweifel an der katholischen Kirche, während Margarete dies im Laufe ihres Lebens immer stärker tat. Das verwundert auch nicht weiter, galten ihre Brüder Ambrosius (1492–1564) und Thomas (1499–1567) und ihre Neffen Konrad (um 1500 bis 1557) sowie Johannes Zwick (um 1496 bis 1542) doch als überzeugte Reformatoren, die neben Ulrich Zwingli (1484–1532) und Martin Luther (1483–1546) einen eigenen »Konstanzer Weg« suchten.

Margarete Blarer oder Blaurer entstammte einer hochangesehenen sowie mehr als vermögenden Patrizierfamilie. Nach dem Tod ihres Vaters sorgte sie sich nicht nur um ihre Mutter und deren Haushalt, sondern führte – dank einer profunden schulischen Ausbildung – auch die väterlichen Geschäfte mit Erfolg weiter. Erst das auf diesem Weg zusammengetragene Vermögen ermöglichte ihrer Verwandtschaft und ihrem Freundeskreis, sich nahezu ausschließlich kirchlichen Dingen zu widmen und die Reformation voranzutreiben.

Wie stark theologische Probleme das Leben Margaretes beeinflussten, lässt sich heute kaum mehr sagen. Ihr selbstbewusstes Auftreten brachte sie immer wieder in Konflikt mit den Moralvorstellungen der Reformation und mit den damals herrschenden Ansichten, wie sich eine Frau zu verhalten habe. Aus ihrem Briefwechsel mit dem Straßburger Martin Bucer (1491–1551), einem eher gemäßigten Reformator, geht hervor, dass sie den Lehren Zwinglis nahestand.

Ihr eigentlicher Lebensinhalt (Margarete hatte aus Überzeugung nie geheiratet) bestand in einer aufopfernden *Caritas*, Nächstenliebe. Ihr Haus entwickelte sich zum Zentrum der Krankenpflege und des Schulwesens, 1537 gründete sie darüber hinaus einen Armenverein nur für Frauen. Vier Jahre später erlag Margarete als Pflegerin von Pestkranken im ehemaligen Prediger- oder Dominikanerkloster der Epidemie. Ihre letzte Ruhestätte gilt als unbekannt. Wahrscheinlich liegt sie in einem Massengrab auf dem heute aufgelösten Schottenfriedhof.

Christliche Nächstenliebe: Margarete Blarer pflegt Kranke.

Hochmut kommt vor dem Fall

Meinten es die Konstanzer Ratsherren wirklich ernst, als sie 1546 den Ausgang des *Schmalkaldischen Krieges* für eine Art Gottesurteil über den Grad ihrer eigenen reformatorischen Überzeugung hielten? Zu einem Zeitpunkt, an dem sich die Niederlage bereits abzeichnete? Es gelte nur durchzuhalten, auf Gott zu vertrauen und vor allem die radikale städtische Zuchtordnung einzuhalten, verkündeten sie.

Alles wird gut, ließ der Rat sinngemäß seinen Untertanen vorgaukeln. *Kaiser Karl (1500 bis 1558) lenkt ein, die Reichsfreiheit und der protestantische Glaube bleiben erhalten. Wir brauchen keine Aussöhnung mit dem Habsburger. Konstanz kann nichts passieren; wenn doch, retten uns die Glaubensbrüder von Zürich und in der Eidgenossenschaft. Und wenn das nicht hilft, dann die Franzosen.*

Von all den Versprechungen trat allerdings nichts ein! Zwar griff Karl V. die Stadt (noch) nicht militärisch an, aber er belegte sie mit *Arrestmandaten*, verbot jeglichen Verkehr mit ihr und ließ deren Vermögenswerte (auch die ihrer Bürgerinnen und Bürger) beschlagnahmen. Die ohnehin schon stark geschrumpfte wirtschaftliche Bedeutung tendierte nun stark gegen null.

Noch immer meinte der Rat, dem Kaiser Bedingungen stellen zu können. Man anerkenne zwar den geschuldeten Gehorsam, aber nicht in Glaubensfragen. Karl V. lachte nur und forderte eine bedingungslose Unterwerfung. Die Ratsherren wussten keine Antwort mehr und sprachen davon, es sei alles nur so gekommen, da ganz Konstanz in schwerer Sünde lebe. Des Kaisers Haltung spiegele nur den Zorn Gottes über die Verfehlungen wider.

Auf dem sogenannten *geharnischten Reichstag* von Augsburg kam es zum Eklat. Nachdem die Konstanzer Gesandten sich weiter weigerten, die Realitäten anzuerkennen, verhängte Karl V. die Reichsacht. Auf seinen Befehl marschierten – streng genommen unter Bruch der Reichsverfassung – schon seit einiger Zeit spanische Truppen auf Konstanz. Morgens um vier Uhr am 6. August 1548 griffen sie an. Zwar gelang es, die habsburgischen Soldaten zurückzuschlagen, aber die Schäden und Verluste waren enorm, der Widerstandswille der Bürger gebrochen.

Nach einigem Wechselspiel zwischen Hoffen und Bangen sprachen sich die Bürger am 11. Oktober 1548 dafür aus, der Übergabe von Konstanz an das Haus Österreich zuzustimmen. Die Reichsfreiheit war verloren, die Stadt kehrte zum katholischen Glauben zurück. Interessanterweise folgte zunächst aber kein weiterer Niedergang, sondern ein wirtschaftlicher und kultureller Aufschwung.

Kampf auf der Rheinbrücke gegen die kaiserlichen Truppen.

1583

Wertvolles Glas und andere Kunst

Die Stücke hängen heute in den großen Museen der Welt. In Paris, London, Sankt Petersburg oder Berlin. Sie befinden sich im Privatbesitz oder zieren noch immer öffentliche Gebäude. Die Rede ist von Glasbildern aus Konstanzer Produktion, aber auch von Gemälden, Goldschmiedearbeiten und Skulpturen. Alle entstanden nach der Reformation – beflügelt vom (neuen) alten Glauben.

Glas besitzt am Bodensee eine jahrtausendealte Tradition. Seit der Bronzezeit (▷ Kapitel 800 v. Chr.) lässt sich seine Verwendung nachweisen. Die himmelstrebenden Fenster der gotischen Gotteshäuser prägten die Region nachhaltig. Sie erzählten Geschichten aus der Bibel, von zahllosen Heiligen, dem Leben Christi und von Stifterinnen und Stiftern.

Vor Ort erhalten hat sich aus der Ursprungszeit nur wenig. Reformation, zahlreiche Kriege sowie Brandkatastrophen, die Französische Revolution, die Auflösung des Bistums und schließlich der berühmte Zahn der Zeit sowie Fortschrittsglaube und Modernisierungswahn im beginnenden 19. Jahrhundert verursachten einen Kulturverlust erster Güte. Angebliche Sammler zogen wie Heuschrecken übers Land und kauften für Auftraggeber die schönsten Stücke auf. Was übrig blieb, wurde meist weggeworfen.

Anders sah es mit den profanen Wappenscheiben aus, die nach der Reformation in Mode kamen. Sie erfreuten sich großer Beliebtheit. Stolz zeigten die Bürgerinnen und Bürger damit ihre teils adelige Herkunft und ihren Reichtum. Städte, Gemeinden und Klöster verschenkten die schmucken Scheiben gerne als Zeichen der Freundschaft. Zünfte drückten damit ihre gegenseitige Verbundenheit aus. Und noch heute gelten die in Blei gefassten Bilder als ein seltenes und wertvolles Geschenk. Meist handelt es sich dabei um eine Auszeichnung oder um ein Signet der Zusammengehörigkeit.

Alles begann mit dem Jahr 1548: Konstanz gehörte nun zu Vorderösterreich und verstand sich mehr oder minder freiwillig wieder als Sitz des größten (katholischen) Bistums nördlich der Alpen. Im Zuge der Gegenreformation setzte am westlichen See eine ungeahnte neue kulturelle Blüte ein. Die bischöflichen Verwaltungsbeamten, die Domherren, Nonnen und Mönche kehrten zurück. Ihre leer geräumten Sakralbauten mussten saniert und vor allem dem katholischen Glauben entsprechend wieder ausgestattet werden. Jede Menge Arbeit für Kunsthandwerker also, die sich nach den wenig lukrativen Jahren der Reformation wieder gerne in Konstanz niederließen. Auch das Bürgertum kam erneut zu Wohlstand und zeigte diesen selbstbewusst durch Stiftungen oder Geschenke, wie die genannten Glasscheiben zeigen.

Konstanzer Zunftscheibe der Schuhmacher und Gerber von 1583.

Ein gmeine Gsellschafft
Schumacher vnd Gerwer. 1583

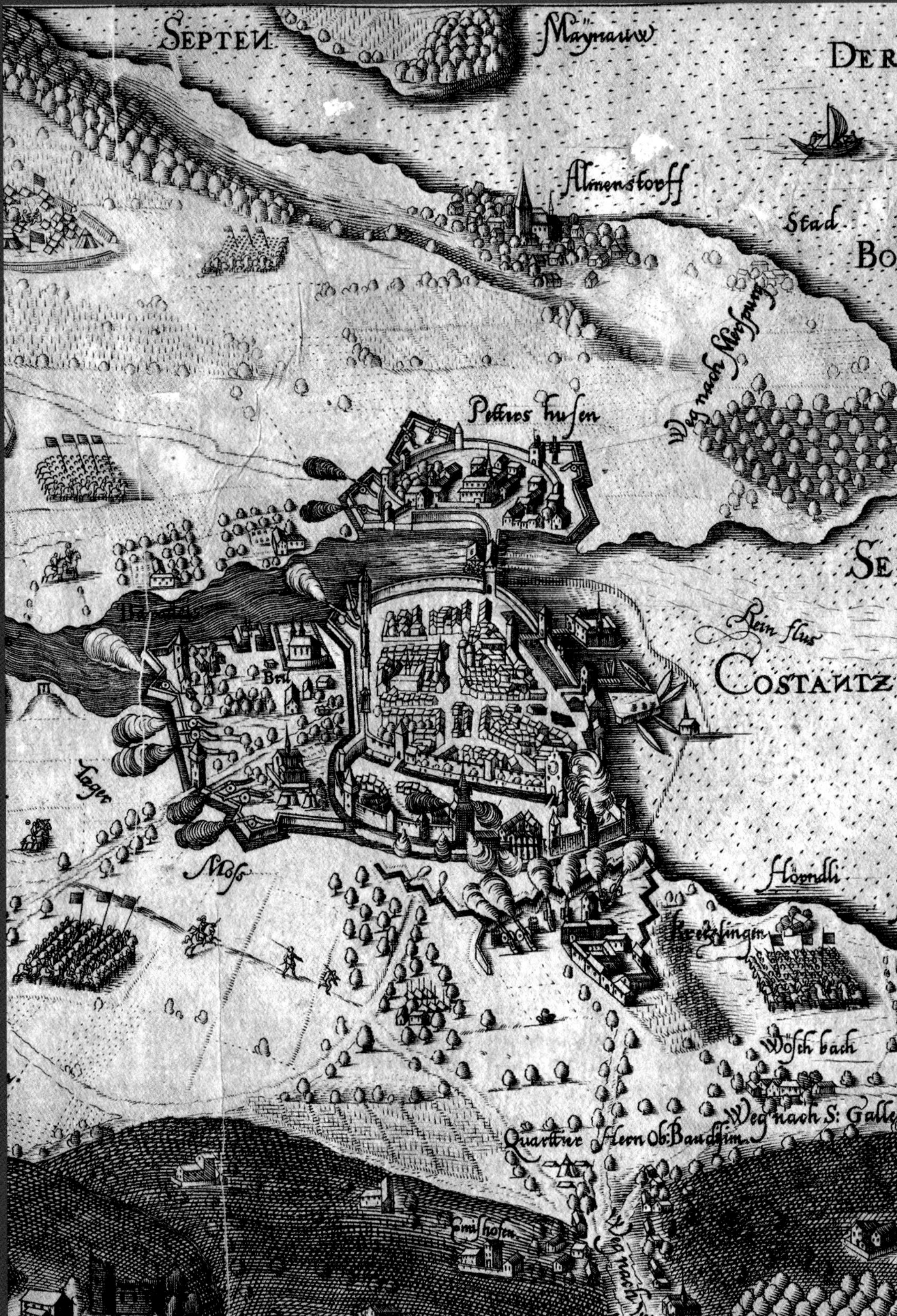
SEPTEN
Mäynauw
DER
Almenstorff
Stad
BO
Weg nach Merspurg
Pettros husen
Rein flus
COSTANTZ
Lager
Moss
Hörndli
Wösch bach
Weg nach S: Galle
Quartier Herrn Ob: Baudissin
Emishofen
Castelem
MERID: Gryssperg
Schwaderloch

1633

Schweden, Württemberger, Franzosen

Weit entfernt, in Böhmen, kam es 1618 zu einem Streit, bei dem drei habsburgische Statthalter zum Fenster hinausgeworfen wurden. Nicht gerade ein freundlicher Akt, aber die genannten Personen überlebten doch. Natürlich, daraus entwickelte sich ein Aufstand der Protestanten, aber was kümmerte das die Menschen am Bodensee? Tiefer Frieden herrschte, außerdem gab es fast nur Katholiken hier.

Zwar forderte der österreichische Landesherr praktische und finanzielle Unterstützung im Krieg, aber das hielt sich alles noch in Grenzen. Niemand glaubte so recht an eine Ausweitung des Konflikts. Erst als sich die Schweden 1630 erfolgreich einmischten, kam es zu einer Veränderung der Lage. Die Nordmänner und ihre Söldner drangen immer weiter sengend und plündernd Richtung Süden vor. 1632 besetzten dann württembergische Truppen die Landstriche um den Hohentwiel und zerstörten dabei die noch zahlreich vorhandenen Burgen der Hegauberge. Radolfzell musste kapitulieren, seine Garnison flüchtete über das Wasser nach Konstanz.

Nur die weitgehende militärische Hoheit über den See sicherte der katholischen Seite wohl den Sieg. Bis es so weit war, wüteten aber marodierende Soldaten beider Konfessionen blind in den Dörfern des Hegaus und schlachteten die Bevölkerung hin. Diese hatte nicht nur unter den Folgen des Krieges, sondern auch unter den nicht enden wollenden Seuchen zu leiden. Ein Teufelskreis!

Um die strategisch wichtige Stadt Konstanz zu erobern, marschierten protestantische Landsknechte 1633 über den Bodanrück auf die Stadt vor, während die Reiterei bei Stein am Rhein und Gottlieben den Rhein überschritt. Dabei betraten die Evangelischen eindeutig neutrales Territorium. Seit damals wird über die Frage gestritten, ob und inwieweit Vertreter der protestantischen Stände in der Schweiz sie unterstützen. Fast wäre es in der Eidgenossenschaft selbst darüber zum Krieg gekommen.

Nachdem die ersten Angriffe der Schweden im Sumpfgelände des Tägermoos scheiterten, besetzten sie das Kloster Kreuzlingen. Gedeckt durch dessen Gebäude (sie standen nur wenige Meter von der Stadtmauer entfernt) eröffneten sie gezieltes Feuer auf die städtischen Verteidigungsanlagen und meinten, sie stürmen zu können. Vergeblich!

Konstanz erlitt zwar starke Zerstörungen, verteidigte sich aber. Die Muttergottes habe die Stadt beschützt, meinten die Zeitgenossen und erbauten aus Dank die Loretto-Kapelle auf dem Staader-Berg. Das Kloster Kreuzlingen durfte nach dem Krieg nicht wieder an der ursprünglichen Stelle errichtet werden. Zwei Kanonenschussweiten von der Stadtmauer entfernt, lautete die Bedingung. Eine prachtvolle barocke Anlage entstand.

Angriff der Schweden auf Konstanz.

1655

Spuren, die nachdenken lassen

Gegen Ende des 15. Jahrhunderts verschwand ein wichtiger Bestandteil des Lebens am (westlichen) Bodensee. Nach andauernden Pogromen verließ die Bevölkerung jüdischen Glaubens mehr oder minder freiwillig ihre Heimat. Selbst in den Reichsstädten wie Konstanz oder Überlingen, wo es größere Gemeinden gegeben hatte, blieb von ihrer Geschichte nichts außer archäologischen Zeugnissen erhalten.

Paradoxerweise sorgte eine weitere Verfolgungswelle für die Rückkehr der jüdischen Bevölkerung. Im Thurgau war es 1611 zu einem erneuten Ausbruch der Pest gekommen. Schnell sah man dort bei den Juden die Urheberschaft des Leidens. Es kam zu brutalen Übergriffen. Daraufhin wanderte ein Teil der unter Verdacht stehenden Menschen auf die Höri und in den Hegau aus. 1655 erfolgte dann eine systematische Ansiedelung. Um den Bevölkerungsschwund durch den Dreißigjährigen Krieg wieder auszugleichen, erlaubte das Oberamt in Stockach Familien jüdischen Glaubens die Niederlassung. Schnell entstanden in Wangen, Gailingen, Randegg und Worblingen blühende Siedlungen, die unter dem Schutz ihrer jeweiligen Landesherren ein reges Gemeindeleben entwickelten und Wohlstand in die verarmten Gebiete brachten.

Die Zuzügler lebten hauptsächlich von Geldverleih und Viehhandel. Bald kamen sie zu beachtenswertem Vermögen, was immer wieder Neider auf den Plan rief. Trotzdem bauten die Neu-Hegauer dank ihres Fleißes Erstaunliches auf: Synagogen entstanden genauso wie Schulhäuser oder Alters- und Pflegeheime. Gailingen nahm als wohl größte Gemeinde eine Art Mittelpunkt-Funktion ein. Hier gab es den umfangreichsten jüdischen Friedhof in der Bodenseeregion.

Der Landgraf von Nellenburg gewährte den Neubürgerinnen und -bürgern zwar (gegen hohe Steuern) Religionsfreiheit und Freiheiten, dies galt aber nur für sein Hoheitsgebiet. Sobald die Juden zum Beispiel in die Schweiz übertraten, herrschten andere Gesetze. Selbst für Tote! Tangierte ein Angehöriger mit seinem Verstorbenen Schweizer Gebiet, musste Zoll bezahlt werden.

1862 erließ das liberale Großherzogtum Baden als erster deutscher Staat ein Gesetz, das Menschen jüdischen Glaubens die uneingeschränkte Gleichberechtigung gewährte. Damit setzte im Hegau und auf der Höri eine große Landflucht ein. Das Gemeindeleben kam vielerorts zum Erliegen; dafür entstanden in den großen Städten neue jüdische Gemeinden.

Mit seinem Buch *Die Geschichte der Juden im Hegaudorf Randegg* gelang es dem bekannten Konstanzer Frauenarzt Dr. med. Semi Moos (1883–1984, ▷ Kapitel 1933), die Erinnerung an diesen Teil der Bevölkerung wachzuhalten.

Auf dem jüdischen Friedhof von Randegg.

פ״ט
אשה ישרה ונעימה,
הלכה בדרך תמימה,
נתנה בסתר כל ימיה,
הדריכה טוב את בניה,
ועזרה לכל נפש שאלת,
לבעלה ובניה נזר תפארת:
Hier ruht
Marie Bloch
geb. Rothschild,
gest. Mittwoch d. 18. Dez. 1889,
das ist, der 25. Kislew 5650 a.m
Amen.

1732

Barock in höchster Blüte

Welche Epoche prägte Konstanz und den westlichen Bodensee am meisten? War es die Romanik, die Gotik, der Barock, das 19. Jahrhundert oder gar die Gegenwart? Darüber könnten Historiker, Kunstgeschichtler, Theologen oder Philosophen wahrscheinlich ohne Ende diskutieren. Schlussendlich dürfte es auf eine Glaubensfrage hinauslaufen.

Wer eine prachtvolle Anlage wie Karlsruhe oder Ludwigsburg erwartet, sucht am Bodensee vergeblich. Die beeindruckende Meersburger Residenz der Fürstbischöfe von Konstanz bietet aber durchaus respektablen Ersatz. Kein Geringerer als der geniale Balthasar Neumann lieferte die Pläne dafür. Sicher waren die hohen Herren sehr zufrieden! Wenn sie bei Sonnenaufgang jedoch auf ihrer Terrasse stehend Richtung Insel Mainau schauten und das dortige Schloss im Morgenrot erglühte, dann könnte bei dem einen oder anderen Gottesmann durchaus völlig unchristliche Eifersucht aufgeflammt sein.

Schloss Mainau, Sitz eines Komturs des Deutschen Ordens, versteckt sich in nichts vor der fürstbischöflichen Residenz. Im Gegenteil! Selbstbewusst streckt es seine Schauseite Meersburg entgegen und zeigt so den Einfluss und die Macht der sogenannten *Deutschen Herren*.

Innerhalb von nur 26 Jahren schuf Ordensbaumeister Johann Caspar Bagnato (1696 bis 1757) dieses Meisterwerk ab 1732. Die Anlage bestand aus der *Schlosskirche* (1732–1739), dem *Südflügel* (1740–1743), dem *Corps de Logis* (1743–1746), dem *Nordflügel* (1752–1758). Dazu kamen zahlreiche Nebengebäude wie *Werkstätten* und Ökonomie oder ein *Reitstall*, das *Torgebäude*, verschiedene *Türme*, der *Torkel* und der *Hafen*. Obwohl viele Bauten im ersten Drittel des 19. Jahrhunderts abgerissen wurden (▶ Kapitel 1827), begeistert das Ensemble noch heute alle Besucher. Im Zentrum steht mit Sicherheit die *Schlosskirche Sankt Marien* mit ihren meisterhaften Stuckaturen, Fresken und Altären aus der Hand von Josef Anton Feuchtmayer (1696–1770), von Francesco Pozzi (1704–1789) und Franz Joseph Spiegler (1691–1757). Ein wahres Feuerwerk! Dazu tritt der sogenannte *Weiße Saal* im Hauptgebäude, ursprünglich *Audienzsaal* des Deutschen Ordens, heute halböffentlicher Veranstaltungsraum für festliche Anlässe und Konzerte.

Johann Caspar Bagnato ging großzügig mit seinem Genie um. Viele Kirchen auf dem Bodanrück und im Hegau tragen seine Handschrift. Aber der Meister gestaltete nicht nur Sakralbauten, sondern auch profane Gebäude, wie zum Beispiel Schloss Hohenfels bei Kalkofen oder das Rathaus in Bischofszell. Die Insel Mainau darf als sein Hauptwerk gelten. Nicht umsonst wählte der Meister die dortige Kirche als seine Grablege.

Idealansicht von Schloss Mainau.

Napoleon

Am sogenannten *Napoleonseck* oberhalb von Watterdingen und Engen steht auf einem Schild: *Gefechtsstand französischer Truppen unter Napoleon.* Wer immer es auch geschrieben haben mag, irrte. Napoleon kämpfte in seinem Leben zwar auf vielen Kriegsschauplätzen, aber in den Thurgau, Hegau, Linzgau oder auf den Bodanrück führte ihn sein Weg nie. Anders seine Soldaten. Sie brachten Blut, Leid und Tränen.

Das Rad der Zeit steht im Jahr 1792. Unter den Schlagworten *Freiheit, Gleichheit, Brüderlichkeit* exportierte die Französische Republik ihre Revolution nach Europa. Ob die Menschen der Nachbarländer es wollten oder nicht, sie mussten mit dem *fränkischen Sendungsbewusstsein* und dessen Folgen zurechtkommen. Zunächst waren es Tausende von Flüchtlingen, die aus Frankreich kommend vor den vermeintlichen Errungenschaften der Revolution flohen. Adlige, Kleriker, Offiziere, aber auch ganz normale Bürgerinnen und Bürger, die mit den gestürzten Bourbonen sympathisierten. Ihnen Hilfe zu gewähren, bedeutete für die selbst eher armen Menschen am See eine riesige Kraftanstrengung.

1796 folgten den Flüchtlingen Soldaten. Frankreich marschierte in den Hegau ein. Zwar kam es zu keinen größeren Kampfhandlungen, aber allein die Einquartierungen belasteten die Einheimischen sehr. Bereits drei Jahre später, also 1799, standen die Franzosen wieder am Bodensee. Zuvor hatten sie die *Alte Eidgenossenschaft* beseitigt und die *Helvetische Republik* ins Leben gerufen. Aus Sicht der früheren Untertanengebiete dort (wie des Thurgaus) durchaus positiv, erhielten sie doch endlich ihre staatliche Souveränität.

Bei Stockach stießen die französischen Truppen unter dem Oberbefehl von General Moreau auf österreichische Kontingente. Die Schlacht endete für Frankreich verhängnisvoll. *Rückzug* hieß die Devise, und so flüchteten die Franzosen via Schaffhausen und Konstanz Richtung Zürich. Österreicher und mit ihnen verbündete Russen folgten den *Franken* und lieferten ihnen blutige Gefechte. Panik herrschte. Auf ihrem Rückzug zündeten die Franzosen die Rheinbrücke von Schaffhausen an; Konstanz entging diesem Schicksal nur knapp, hier durfte die Bevölkerung ihren Übergang selbst abbrechen.

Nach zwei verlustreichen Schlachten bei Zürich drehten sich die Vorzeichen. Nun flohen die Österreicher zurück über den Rhein. Im Jahr Mai des Jahres 1800 kam es bei Engen zu einer der schlimmsten Schlachten der napoleonischen Kriege. Ein Jahr später wurde auch der Hohentwiel zerstört. Danach kehrte Ruhe ein. Für die Einwohner bedeutete dies schießlich ein Ende von Plünderungen, Vergewaltigungen und blindem Morden der Soldateska beider Seiten.

Plündernde französische Revolutionssoldaten.

1797

Per Gundel zu den Hausherren

Kaiser Joseph II. (1741–1790) verstand sich als aufgeklärter Monarch. Am bekanntesten von seinen Reformen dürfte die liberale Kirchenpolitik sein. Er versuchte den zentralen Einfluss des Katholizismus in seinem Reich zu brechen, löste zahlreiche Klöster auf und verbot viele Feiertage sowie Wallfahrten. Darunter fiel auch eine Prozession, die per Schiff von Radolfzell auf die Reichenau führte.

In ganz Europa kursierte eine hochansteckende Viehseuche, die sich schließlich auch im Hegau und auf der Höri ausbreitete. Die Menschen verzweifelten, die Epidemie bedrohte ihre Lebensgrundlage. Niemand kannte ein Mittel gegen die Krankheit. In ihrer Not erinnerte sich die Bevölkerung von Moos althergebrachter Gepflogenheiten. Sie gelobte, wenn ihre Tiere von der Seuche verschont blieben, eine alljährliche Pilgerfahrt nach Radolfzell. Erstaunlich, denn der nur wenige Jahre zuvor verstorbene Kaiser hatte solche Bräuche unter Strafe gestellt.

Aber der Glaube war wohl größer als die Furcht vor der Obrigkeit. Zumal sich – bedingt durch die Umbrüche der französischen Revolution – ganz andere Herausforderungen stellten. So brachen denn die Bauern von der Höri 1797 zum ersten Mal auf. In den folgenden etwa 130 Jahren wallfahrteten sie ganz klassisch zu Fuß durch Wiesen, Felder und sumpfiges Schilfland über die Mündung der Aach zum Radolfzeller Münster. Dort wird traditionell während des Sommers das sogenannte *Hausherrenfest* gefeiert. Immer am Montag nach dem 3. Wochenende im Monat Juli. Bis zur Auflösung des Bistums Konstanz (▶ Kapitel 1821) begingen die Gläubigen das Fest allerdings noch am 4. Januar. Die eigentliche Wasserprozession geht in ihrer heutigen Form erst auf das Jahr 1926 zurück. Vielleicht nach dem Vorbild der durch Kaiser Joseph verbotenen Schiffsprozession auf die Reichenau entwickelte ein Pfarrer von Moos die neue Tradition: Die Wallfahrt beginnt bereits am Freitag mit dem Binden von Ahornkränzen. In den frühen Morgenstunden des Montags werden die *Gundeln* (Boote) geschmückt und stechen in See. In Radolfzell angekommen, geht die Pilgerfahrt weiter zum Münster, wo das sogenannte *Mooser Amt* feierlich begangen wird. An dessen Ende erneuert der Pfarrer von Moos das Gelübde aus dem 18. Jahrhundert.

Theopont, *Senesius* und *Zeno* – die drei Radolfzeller *Hausherren* (Stadtpatrone) sind die Namensgeber für das Hausherrenfest. Der Stadtgründer von Radolfzell, Bischof Ratold von Verona (um 770 bis um 885), brachte die Reliquien mit. Bei Theopont und Senesius handelte es sich um Märtyrer, die 303 der Christenverfolgung durch den römischen Kaiser Diocletian (um 240 bis um 312) zum Opfer fielen. Zeno war ein wundertätiger Vorgänger von Ratold.

Spätgotische Büste des Heiligen Zeno.

1806

Badisch will niemand sein

Napoleon ist an allem schuld, lautet ein Sprichwort. Das trifft auch auf die heutigen territorialen Verhältnisse am westlichen Bodensee zu. Schon der Reichsdeputationshauptschluss (1803) hatte dafür gesorgt, dass kirchliche und kleinere weltliche Herrschaften (wie die freien Reichsstädte) aufgelöst wurden und ihre Gebiete an durch Frankreich enteignete Fürsten gelangten.

Alemannen zählen zu den Volksstämmen, die Veränderungen nicht viel abgewinnen können. Jahrhundertelang gewachsene Traditionen einfach per Gesetz außer Kraft setzen, ist nicht das Ding der Menschen am See. Überrascht nahmen so die Bewohnerinnen und Bewohner der Höri zur Kenntnis, dass nicht mehr der Bischof von Konstanz über ihr Leben bestimmte, sondern der badische Großherzog. In der ehemals freien Reichsstadt Überlingen überwog wohl eher die Trauer darüber, dass die seit 1268 zäh verteidigte Selbstständigkeit plötzlich ein Ende hatte.

Den Einwohnern von Konstanz ging es zumindest anfänglich noch anders. Ihre Loyalität gehörte seit 1548 (▷ Kapitel 1548) dem österreichischen Kaiser. Niemand sah einen Grund, daran etwas zu ändern. Mit der verheerenden Niederlage von Austerlitz (2. Dezember 1805) endete der dritte Koalitionskrieg zwischen Frankreich und Österreich sowie Russland. Im Friedensvertrag von Pressburg (heute Bratislava) fielen die um den westlichen Bodensee liegenden Gebiete Vorderösterreichs an das Großherzogtum Baden und das Königreich Württemberg. Darüber hinaus löste der Vertrag auch den Deutschen Orden (▷ Kapitel 1732) auf. Sein Territorium geriet ebenfalls an Baden und Württemberg. Für die Bewohnerinnen und Bewohner der betroffenen Landstriche bedeutete das, dass sie immer stärker in ihre jeweiligen Zentralstaaten eingebunden und ihre Lebensumstände von diesen gesteuert wurden. Allerdings standen die Grenzen noch nicht endgültig fest. Stockach zum Beispiel wechselte vom Königreich Württemberg ins Großherzogtum Baden.

Konstanz, ursprünglich mitten in Vorderösterreich gelegen, sah sich plötzlich als Grenzstadt. Nicht nur Richtung Süden (Thurgau), sondern jetzt auch Richtung Osten (verbliebenes Vorderösterreich). 1809 kam es sogar zu einem Landungsunternehmen der habsburgischen Flotte. Die Konstanzer Bürgerinnen und Bürger verhielten sich ihrem früheren Landesherren gegenüber überaus freundlich. Zu freundlich, fanden die nach dem Überfall zurückgekehrten badischen Verwaltungsbeamten und verurteilten viele Konstanzer zu hohen Geld- und sogar Zuchthausstrafen. Noch Jahre später berichten Zeitzeugen, dass in Konstanz und seiner Umgebung eine stark antibadische Stimmung herrsche.

Badischer Greif am Hafen der Insel Mainau.

1817

Ste(h)-fa(hr)-nie

Das Verdienst, die Menschen am westlichen Bodensee sprichwörtlich *in Fahrt gebracht* zu haben, gebührt einer Französin und einer Badenerin französischer Herkunft. Die Rede ist von Hortense de Beauharnais (1783–1837), Stieftochter und Schwägerin Napoleons I., sowie von ihrer Cousine Stephanie (1789–1860), Großherzogin von Baden. Die beiden Damen stehen für den Beginn der Moderne.

Kurz vor Weihnachten 1815 rollte ein unscheinbarer Kutschentross auf die Konstanzer Marktstätte. In seinem Inneren befanden sich Hortense de Beauharnais, die ehemalige First Lady Frankreichs, und ihr Sohn, Louis Napoleon, der designierte Thronfolger des Kaiserreiches. Das Gepäck von Hortense beinhaltete nicht nur Kleider, Schmuck und Dinge des täglichen Lebens, sondern auch viele gute Ideen, die sie in Frankreich nicht mehr hatte realisieren können.

Darunter die Gründung einer Dampfschifffahrtsgesellschaft für den Transport von Personen und Gütern. Die Königin, mittlerweile in die Vorstadt Petershausen umgezogen, motivierte verschiedene vermögende Persönlichkeiten, sich mit ihr zusammenzuschließen und eine Gesellschaft zum Bau eines Dampfschiffes zu gründen. Die Gesellschafter beauftragten einen gewissen Kaspar Bodmer (Lebensdaten unbekannt) aus Zürich mit der Realisierung. Er wurde nach England geschickt, um dort die modernsten Dampfschiffe kennenzulernen und die nötigen Maschinen zu bestellen. Zurückgekehrt, startete Bodmer sofort die Arbeiten. Trotz mancher Schwierigkeiten wurde das Schiff bald fertig. Am 30. September 1817 fand die Taufe statt. Der Name lautete *Stephanie*, zu Ehren der oben erwähnten Großherzogin. Zum Stapellauf musste es von kleineren Schiffen gezogen werden; die benötigte Maschine lag unbezahlt noch in Rotterdam. Um trotzdem den Beweis der Fahrtüchtigkeit zu erbringen, ließ Bodmer die Dampfmaschine einer Spinnerei einbauen. Damit stach die Festgesellschaft in See. Leider war die Leistung zu schwach; zurück musste das Schiff gerudert werden. Die Teilhaber erkannten, dass Bodmer ihr Geld veruntreut hatte. Bevor ihn die Poizei festnehmen konnte, floh er zusammen mit seiner Familie nach Württemberg.

Das fahrunfähige Schiff lag bis 1820 in Petershausen. Da sich niemand mehr bereit erklärte, weiteres Geld zu investieren, entschlossen sich die geprellten Aktionäre zur Verschrottung. Schnell erhielt die *Stephanie* den Spitznamen *Ste(h)-fa(hr)-nie*. Ein Begriff, der noch heute für havarierte Schiffe auf dem See gebräuchlich ist.

Die Idee einer Dampfschifffahrtsgesellschaft blieb in den Köpfen. 1824 nahm sie Gestalt an. In Form des königlich württembergischen Raddampfers *Wilhelm*.

Großherzogin Stephanie von Baden.

1821

Ausgelöscht auf ewig

Im Zuge des Reichsdeputationshauptschlusses (▶ Kapitel 1806) wurde auch der Herrschaftsbereich des Fürstbistums Konstanz aufgelöst. Damit verlor das Domkapitel einen Großteil seiner Einnahmen. Gleichzeitig geriet es auch politisch immer mehr unter Druck. Die neu gegründeten Nationalstaaten legten großen Wert darauf, dass Bistümer sich künftig an den gültigen Grenzen orientierten.

Die Kurie in Rom begrüßte dies, da ihr das eher reichstreue Bistum Konstanz und sein designierter Bischof, Ignaz Heinrich von Wessenberg (1774–1860), als Störfaktor der Kirchenpolitik erschienen. Wessenberg galt als Reformator, dem man extreme Nähe zum Protestantismus unterstellte. Man schimpfte ihn sogar einen »Kirchenzerstörer«!

Ab 1815 wurden auf Betreiben Roms zunächst die schweizerischen und in der Folge die restlichen Teile (Österreich, Württemberg, Bayern) abgetrennt. Übrig blieb nur noch ein rein badisches Landkapitel, dem die beiden Fürstentümer Hohenzollern zufielen. Das allein hätte das Weiterleben eines Bistums Konstanz möglich gemacht. Aber die römische Kirche wollte das *Problem Wessenberg* lösen. Mit einem Bischofssitz in Konstanz oder einem Doppelbistum wie Rottenburg-Stuttgart oder München-Freising ging das nicht. Eigensinnig beharrte Rom darauf, für das Großherzogtum Baden in Freiburg im Breisgau ein neues Bistum zu gründen. Das kam auch den Verwaltungsbeamten der von Napoleon neu geschaffenen Zentralstaaten entgegen. Sie meinten, nur ohne ein grenzüberschreitendes Bistum Konstanz volle staatliche Souveränität erringen zu können.

1821 eskalierte die Situation: Mit der Bulle *Provida solersque* löste Papst Pius VII. (1742 bis 1823) Konstanz auf. Seine in der Kirchengeschichte einzigartige Formulierung lautet frei übersetzt: *Wir zertreten, vernichten das Bistum Konstanz und löschen es endgültig aus*. Gesagt, getan. Aber gerade in der Schweiz blieb die Erinnerung an das Bistum Konstanz sehr lebendig. Die Regierung des Thurgaus verfolgte das Ziel, die Stadt und damit die Schweizer Teile des Bistums an sich zu ziehen. Was erneut den Widerstand Roms auslöste. Es bedurfte jahrelanger Verhandlungen, um einen Modus Vivendi herzustellen.

»*Ironie der Geschichte*«, schreibt Christoph Schmider, Leiter des erzbischöflichen Archivs in Freiburg, »*ist hierbei, dass bis heute Reste des Bistums Konstanz ein Schattendasein führen, da sich mehrere Schweizer Kantone noch immer nicht endgültig für die Zugehörigkeit zu einem anderen Bistum entschieden haben.*« Also besteht weiter Hoffnung auf ein (neues) Bodensee-Bistum …

Ignaz Heinrich von Wessenberg als verehrter Kirchenmann.

1827

Des Fürsten letztes Meisterstück

Er galt als der reichste Fürst im Reich und genoss den Ruf eines manischen Sammlers sowie finanzstarken Kunstmäzens. In seiner Heimat, Österreich-Ungarn, hinterließ er ungezählte prachtvolle Schlösser und Gartenanlagen. Neben seiner Ehefrau soll er zeit seines Lebens rund 100 Mätressen unterhalten haben. Die Rede ist von Fürst Nikolaus II. Esterházy (1765–1833), genannt *Il Magnifico.*

Fürst Nikolaus meinte, über unbegrenzte Finanzmittel und Macht zu verfügen. Daraus resultierte eine nicht unerhebliche Eitelkeit, die er offen zur Schau trug. Bürgerliche Tugenden wie Sparsamkeit oder eheliche Treue spielten für ihn keine Rolle. Bei der Hochzeit Napoleons I. (1769–1821) mit Prinzessin Marie-Louise von Österreich (1791–1847) lernte er in Paris eine Französin bürgerlicher Herkunft kennen: Marie-Louise Plaideux (1785–1835). Unbestritten seine große Liebe, was er auch nicht verheimlichte.

Leider hatte der ausschweifende Lebenswandel des Fürsten zur Folge, dass er unübersehbare Schulden anhäufte. Außerdem galt seine Beziehung als ein *Skandal erster Güte.* Das alles (und noch einige andere *Fehltritte*) führte dazu, dass Kaiser Franz II. (1768–1835) *Il Magnifico* aus Wien verbannte. Der reisefreudige Fürst (besonders Italien hatte es ihm angetan) wählte 1827 die Insel Mainau im Großherzogtum Baden zum Exil. Das Eiland bot alles, was sein Herz begehrte: Es lag nahe an seinem geliebten Italien, besaß ein repräsentatives Schloss mit genügend Umland, das sich gestalten ließ, dazu gab es eine *Residenzstadt* (Konstanz) und viel Prominenz auf benachbarten Schlössern und Landsitzen.

Mit großer Tatkraft ging der Fürst ans Werk. Das war auch dringend nötig, denn die Mainau zeigte nach einer langen Zeit der Vernachlässigung durch das Haus Baden (▷ Kapitel 1806) immense Spuren des Verfalls. Sein Hofarchitekt Charles de Moreau (1785–1840) und er selbst veränderten das Aussehen der Insel nachhaltig: sie beseitigten den barocken Charakter (▷ Kapitel 1732) und legten einen Landschaftspark an. Ihnen zur Seite stand der Hofgärtner Ferdinand Schnetz (1774–1851). *Il Magnifico* ließ Gebäude abreißen, neue Wege errichten und zahlreiche Pflanzen importieren. Vorbild dafür waren die fürstlichen Anlagen rund um Schloss Eisenstadt sowie die Schlösser Malmaison und Arenenberg. Ergänzend baute der Fürst zusammen mit Königin Hortense (▷ Kapitel 1817) eine Kulturlandschaft und einen Musenhof erster Güte auf. Ein wichtiges Zentrum bildete auch das *Egger Schlössle* direkt gegenüber der Insel Mainau. Literaten, Maler, Dichter, Musiker – am westlichen Bodensee herrschte ein reges Treiben.

Die Insel Mainau, das Fischerdorf Egg und das ehemalige Kloster St. Katharinen.

1848

Mehr als ein Scherbenhaufen

Aus heutiger Sicht erscheint es mehr als unglaubwürdig, aber die badische Revolution steht in Zusammenhang mit dem französischen Kaiser Napoleon III. (1808–1873). Er lebte zwischen 1815 und 1838 am westlichen Bodensee. Als junger Mann bot er Revolutionären aus ganz Europa in seinen Schlössern Gottlieben und Arenenberg Unterschlupf. Nicht umsonst begann gerade in Konstanz der sogenannte *Heckerzug*.

Es gärte auf dem gesamten Kontinent. Wieder einmal setzte sich das französische Volk an die Spitze einer Umbruchbewegung und vertrieb im Februar 1848 den sogenannten *Bürgerkönig* Louis-Philippe (1773–1850). Konstanz und der *Seekreis* (eine Art Vorgänger des heutigen Landkreises) galten spätestens seit Mitte der 1830er-Jahre als ein Zentrum des Liberalismus. Im Dunstkreis des bonapartistischen Hofes auf Arenenberg trafen sich viele republikanisch gesinnte Bürgerinnen und Bürger aus der Schweiz, dem Großherzogtum Baden und dem Königreich Württemberg im sogenannten *Bürgermuseum* (heute *Zur Krone*) auf der Konstanzer *Marktstätte.* Beiderseits der Grenze kursierten demokratische Schriften, die nicht nur den herrschenden Monarchen ein Dorn im Auge waren. Argwöhnisch überwachte die Geheimpolizei alle Aktivitäten. Um unauffällig zu erscheinen, gründeten die Republikaner einen grenzüberschreitenden *Gesangsverein am See*, der 1836 ein großes Sängerfest organisierte. Die Teilnehmerinnen und Teilnehmer führten bereits die schwarz-rot-goldene Fahne.

Nach der Februarrevolution 1848 in Frankreich kam es auch im *Seekreis* zu Aufständen und Volksversammlungen. Anfang März in Konstanz, dann kurze Zeit später auch in Stockach. Etwa 7000 Demonstranten forderten unter anderem die Abschaffung der Monarchie. Joseph Fickler (1808–1865), Herausgeber der republikanischen *Seeblätter*, zog als Vertreter in das Offenburger Komitee, das ein gesamtdeutsches Parlament in Frankfurt vorbereiten sollte. Seine Verhaftung führte Anfang April dazu, dass der Mannheimer Rechtsanwalt Friedrich Hecker (1811–1881) mit Teilen der Konstanzer Bürgerwehr und rund 50 bewaffneten Freiwilligen Richtung Karlsruhe aufbrach, um dort den Großherzog zu stürzen. Zwar gesellten sich bei ihrem Marsch durch den Hegau vor allem in Engen nimmer mehr Sympathisanten dazu, das zusammengewürfelte und schlecht ausgerüstete Heer erlitt aber bei Kandern eine vernichtende Niederlage. Die überlebenden Revolutionäre flüchteten meist in die Schweiz und später in die USA. Konstanz wurde von bayerischen, hessischen und preußischen Truppen besetzt.

Trotz dieses Scheiterns gelten die Ereignisse im Frühjahr 1848 als ein Meilenstein auf dem Weg zur Demokratie im deutschsprachigen Raum.

Konstanzer Bürgermilitär.

1863

Auf in die Gegenwart

Verkehrsentwicklung gilt als undankbare Angelegenheit. Ein Schleudersitz! Vor 160 Jahren gestaltete sich das noch anders. Konstanz und der westliche Bodensee schauten voller Neid auf die Nachbarschaft. 1847 hatte die erste Lokomotive Friedrichshafen erreicht. Als Eisenbahnstädte folgten Lindau (1853), Sankt Gallen, Rorschach, Romanshorn (1856) und Schaffhausen (1857). Verkehr entschied über Aufstieg oder Fall!

Liberale und Konservative bekämpften sich in diesen schwierigen Zeiten erbarmungslos. Die einen fürchteten, dass der westliche See ins Abseits geriete, die anderen argwöhnten einen Ausverkauf. *Die große Geschichte fällt dem schnöden Mammon zum Opfer*, hieß es. So könnte der Konstanzer Rheinbrückenbrand im Jahr 1856 schon fast als Gottesurteil gelten. Die Bürger fassten sich ein Herz und wagten, bei den großherzoglichen Behörden in Sachen Eisenbahn vorstellig zu werden. Keine einfache Aufgabe, denn die Karlsruher Beamten sahen den westlichen Bodensee immer noch als einen Hort der Revolution. Ihn galt es nach wie vor zu bestrafen und nicht etwa zu fördern. Doch der Wind drehte; Seine königliche Hoheit, der Großherzog, hatte Einsehen und sagte die Prüfung der Angelegenheit zu.

Schon im April 1861 standen die Pfeiler der neuen Eisenbahnbrücke kurz vor ihrer Vollendung. Damit einher ging allerdings eine bis heute einschneidende Veränderung des linksrheinischen Stadtbildes: Der Rheintorturm und die daran anschließende Rheingasse verloren ihre Funktion als Hauptachse. Der zwischen Insel-Hotel und Jesuitenkloster befindliche Rheinarm wurde zugeschüttet, der Stadtgarten entstand. Durch den Abbruch verschiedener Gebäude am Fischmarkt verlor das altehrwürdige Kaufhaus am Hafen (heute sogenanntes *Konzil*) seine bauliche Verbindung zur Stadt. Für die Schaffung des Bahnhofsviertels mussten weitere historische Zeitzeugen weichen, darunter die Bauten des Augustinerklosters.

Um der Stadt ein Stück ihrer durch den Eisenbahnbau zerstörten Geschichte zurückzugeben, entschieden die zuständigen badischen Behörden, den neuen Bahnhof nach dem Vorbild des *Palazzo Vecchio* in Florenz zu gestalten. Einerseits verwiesen sie damit auf die wirtschaftlichen Verbindungen zwischen Konstanz und der Familie Medici im Mittelalter und der Renaissance, andererseits wollte man daran erinnern, dass im Innenhof des Florentiner Palastes eine Stadtansicht von Konstanz präsent war. Kein Geringerer als Giorgio Vasari (1511–1574) soll sie eigenhändig gemalt haben. Die Befürworter der Eisenbahn (es wurden täglich mehr) machten damit deutlich, dass es durch die Verkehrsanbindung zurück zur wirtschaftlichen und kulturellen Blüte ging.

Fortschritt und Tradition noch vereint.

1868

Geburtsstunde der Seehasen

Seehase? Wer oder was ist eigentlich ein *Seehase*? Wikipedia kennt zwei Erklärungen: Es handle sich um einen Fisch, der im Salzwasser vorkommt. Oder es handle sich um eine Schnecke, die ebenfalls im Salzwasser vorkommt. Salzwasser und Bodensee? An dieser Stelle irrt Wikipedia eindeutig! Was also bedeutet der Ausdruck *Seehasen*? In welchem Zusammenhang steht er mit der Geschichte am westlichen See?

Der Begriff *Seehase* taucht zum ersten Mal im Zusammenhang mit dem *6. Badischen Infanterie Regiment Kaiser Friedrich III. Nr. 114* auf. 1868 bezog es in Konstanz Quartier. Seine Soldaten stammten hauptsächlich vom westlichen Bodensee, erhielten bald den Kosenamen *Seehasen*. Von Konstanz aus übertrug sich die Bezeichnung grenzüberschreitend auf alle Soldaten vom Bodensee. Warum? Als Begründung diente – wie so oft – eine Sage: Schon die römischen Legionäre vom Bodensee hätten als Feldzeichen den Hasen getragen. Zugegeben, eine nette Geschichte, beweisen lässt sie sich natürlich absolut nicht! Über das Militär fand der Name schnell auch im Zivilen Gefallen. Das *Seehasenfest* in Friedrichshafen zeugt noch heute davon.

Wie gesagt, die sogenannten *114er* stammten vom Bodanrück, aus dem Hegau, dem Linzgau, dem Schwarzwald bis ins Markgräflerland. Dazu kamen viele Auslandsdeutsche, die in der Schweiz lebten. Ihre Unterkünfte lagen zunächst noch in der Altstadt von Konstanz und im früheren Kloster Petershausen (Klosterkaserne). Nach dem Ersten Weltkrieg bezog der nun in *14. (badisches) Infanterieregiment* umbenannte Verband zusätzlich die sogenannte *Jägerkaserne*. 1935 folgten die *Chérisy-Kaserne* in Wollmatingen und weitere Liegenschaften in der Stadt sowie ihrer Umgebung. Neben dem Standortübungsplatz zwischen Wollmatingen, Litzelstetten und Dettingen diente der gesamte Hegau, aber auch der Linzgau und Oberschwaben (ein Bataillon lag in Weingarten/Württemberg) als Übungsgelände. Zum *Feldschießen* nutzten die *114er* oder *14er* (wie sie nun genannt wurden) gerne die ehemaligen Schlachtfelder aus den Franzosenkriegen bei Engen und Watterdingen (▶ Kapitel 1792). Nach dem Zweiten Weltkrieg übernahm die französische Besatzungsmacht zusammen mit der Bundeswehr diese Gewohnheiten.

Ob 1870, 1914 oder 1939, die Familien vom westlichen Bodensee verloren nicht nur in den Reihen der *114er/14er* viele geliebte Menschen. Kein Wunder, dass es ein Bedürfnis war, für die Region eine zentrale Gedenkstätte zu schaffen, um der Gefallenen zusammen mit den Opfern des Nationalsozialismus und der Gewaltherrschaft zu gedenken. Heute ist sie ein *Lost Place*, ein nahezu vergessener Ort (▶ Kapitel 1925).

Zeitgenössische Illustration zu den *Seehasen*.

Euch Seehasen Hurra und Hoch!

FAHR
ETL

1870

Ohne Ringen kein Gelingen

Eine Erfolgsgeschichte erster Güte nahm in Gottmadingen, genauer gesagt eigentlich in Schaffhausen, ihren Ursprung. Noch heute bekommen nicht nur Landwirte glänzende Augen, wenn sie auf einem Acker oder in einem Dorf eine knallrote Maschine sehen. Die Firma *Fahr* industrialisierte mit ihren Produkten europaweit die Landwirtschaft und entwickelte sich zu einem der wichtigsten Arbeitgeber in der Region.

Der Mechanikermeister Johann Georg Fahr (1836–1916) gründete 1870 nach dem Vorbild seiner ursprünglichen Arbeitsstätte, der Firma Rauschenbach aus Schaffhausen, in seinem Heimatort Gottmadingen eine mechanische Werkstätte. Als Fabrikgelände erwarb er die sogenannte *Neumühle* mit Gebäuden und dazugehörigen großen Landbesitz. Besonders wichtig war dabei das Recht, auf dem Gelände vorhandenes Wasser und die damit erzeugbare Energie selbst zu nutzen. Zunächst produzierte er zusammen mit zwei Gesellen unter anderem Futterschneide- und Handdreschmaschinen, Sägen sowie Obst- und Weinpressen.

Die Firma florierte prächtig. Bereits fünf Jahre später mussten die vorhandenen Bauten vergrößert werden. Fahr erkannte die sozialen Notwendigkeiten seiner Zeit früh und schuf schon 1879 erste Werkswohnungen für die Belegschaft. Gleichzeitig gründete er – noch vor der Einführung durch den Staat – eine Betriebskrankenkasse. 1891 wurde als nächster Schritt in Stockach eine eigene Gießerei gegründet. Es folgte ein rasanter Aufstieg. Bereits 1903 zählte die Belegschaft 125 Mitarbeiter, bis 1938 wuchs die Zahl der Angestellten auf rund 2800 Personen. Hauptexportländer waren zunächst Österreich und die Schweiz, besonders der neu konstruierte »Universal«, ein kombinierter Heuwender, fand reißenden Absatz. Noch vor dem Ersten Weltkrieg gelang es, eine neue Filiale in Berlin-Lichterfelde zu gründen. Der Krieg und seine Folgen (Inflation, Weltwirtschaftskrise) bremsten zunächst den weiteren Aufschwung. Ab 1935 kam es aber im gesamten Deutschen Reich zur Gründung weiterer Filialen.

Während des Zweiten Weltkrieges geriet das Unternehmen Fahr (auch im Hegau) ins Fadenkreuz der alliierten Bomber. Erhebliche Zerstörungen waren die Folge. Trotz teils umfangreicher Demontage nach dem Krieg gelang es aber, die Firma in Westdeutschland wieder auf Erfolgskurs zu bringen. 1979 fusionierte Fahr mit *Deutz*. Das bis dahin gültige Markenzeichen, die knallrote Lackierung aller Produkte, verschwand. Nach verschiedenen Umgliederungen und Verkäufen schloss 1984 die Gießerei in Stockach. 2006 erlosch die Produktion in Gottmadingen. Der Name Fahr lebt aber in der erfolgreichen *Deutz-Fahr* GmbH weiter.

Fahr prägt Gottmadingen noch heute.

Die Region erklingt

Insa Pjanka (geboren 1974), Intendantin der *Südwestdeutschen Philharmonie,* glüht für Konstanz, den westlichen Bodensee und ihr Orchester. Wer mit ihr spricht, fühlt sich sofort in den Bann von Musik gezogen. Egal was, klingen muss es! Ähnlich erging es wohl den Menschen am Ende des 19. Jahrhunderts, wenn sie mit Konstantin Handloser (1846–1905) sprachen, sozusagen dem *Vorgänger* von Frau Pjanka.

Konstantin Handloser entstammte einer einfachen, wenig vermögenden Bauernfamilie aus Randegg auf der Höri. Die Zukunftsaussichten des hochmusikalischen jungen Mannes sahen nicht sehr vielversprechend aus. Allerdings bot sich eine Chance: das damals in Konstanz liegende *2. Badische Infanterieregiment König von Preußen.* Handloser absolvierte eine glänzende Karriere als Militärmusiker. 1872 avancierte er zum Leiter des nun in Konstanz beheimateten *6. Badischen Infanterieregiments Kaiser Friedrich III. Nr. 114* (▶ Kapitel 1868).

Musiker durch und durch, sah Handloser seine Aufgabe nicht nur im dienstlichen *Marschblasen,* sondern vor allem im Aufbau eines symphonischen Klangkörpers. Mit viel Geschick gelang es ihm, die fähigsten Militärmusiker nach Konstanz versetzen zu lassen. Sein Einsatz (er kopierte Noten sogar von Hand) und die Fähigkeit seiner Musiker führten dazu, dass sich Konstanz schon bald zu einem Mekka für Musikliebhaber entwickelte. Die von ihm ins Leben gerufenen Symphoniekonzerte erreichten einen solchen Beliebtheitsgrad, dass Tausende von Besuchern ihretwegen nach Konstanz kamen. Zeitgenössische Quellen berichten davon, dass ohne die reichhaltigen Programme Handlosers alle Bemühungen des Kur- und Verkehrsvereins, Gäste in die Region zu bringen, umsonst gewesen wären, und weiter: »*Welches Leben, und wie viel Geld strömt Sommers und Winters zu diesem neuen Sammelpunkt idealer Genüsse, wenn Handloser ein Konzert ausschreibt!*« Sein grenzüberschreitender Ruhm und die Begabung seiner Musiker gingen so weit, dass sich die Schweizer Bundesregierung aus Bern in Begleitung der ausländischen Gesandten regelmäßig jedes Jahr zur Eröffnung der symphonischen Konzerte nach Konstanz begab. Darüber hinaus engagierten sich die Musiker auch stark karitativ. Das Geld dazu stammte von vielen Auftritten im Ausland; galt doch die Konstanzer Regimentsmusik als *die Schweizer Festmusik.*

Konstantin Handloser verstarb völlig überraschend im Jahr 1905. Seinen beiden Nachfolgern, Arnold Rust (1867–1952) und Walter Bernhagen (1875–1957), gelang es, den vorgezeichneten Weg weiterzugehen. 1945 endete die Tradition der Konstanzer Militärmusik; in der heutigen Südwestdeutschen Philharmonie findet sie eine würdige Nachfolge.

Titelblatt des bekannten Volksliedes *Konschdanz liegt am Bode-, Bodesee.*

Konstanzer Stadtgarten-Marsch

für das **Pianoforte** componirt
von

Constantin Handloser,

Kapellmeister im 6. Bad. Jnft. Rgt. №. 114.

Op. 8. Pr. 70 Pf.

Eigenthum der Verleger für alle Länder

Gebrüder Hug in Leipzig,
Zürich, Basel, St. Gallen, Strassburg, Luzern, Constanz, Feldkirch.

G. H. 675.

Lith. Anst. v. C. G. Röder, Leipzig.

1875

Viel mehr als Feinripp

Bis ins 19. Jahrhundert galt Unterwäsche als ein Privileg des Adels. Zwar lässt sich bereits auf Wandmalereien des Mittelalters eine Art von Dessous erkennen, das Gros der Bevölkerung trug aber in der Regel meist nichts zum Schutz seines Schambereiches. An der Tagesordnung war allenfalls ein langes Leinenhemd, das natürlich kräftig scheuerte. *Rosarote Zeiten* im wahrsten Sinne des Wortes.

Das änderte sich mit dem ursprünglich aus der Schweiz stammenden Wäschefabrikanten Jacques Schiesser (1848–1913). Noch keine 30 Jahre alt, erkannte Schiesser die Gunst der Gründerzeit und ließ sich 1875 in Radolfzell nieder. Einerseits profitierte er damit vom wirtschaftlichen Aufschwung des aus der Taufe gehobenen Deutschen Reiches, andererseits bot ihm die Stadt günstige Standortbedingungen an. Radolfzell besaß Weitblick und unterstützte so die Industrialisierung am westlichen See. Mit Erfolg! Zunächst produzierte die Firma Wäsche aller Art. Ihre Unterhosen, Nachthemden und Unterröcke aus indischer Nesselfaser erhielten Auszeichnungen ohne Ende, bei einer Pariser Weltausstellung sogar den *Grand Prix*. Die Produkte galten als sehr hygienisch, da sie gut waschbar waren. Der damals gebräuchliche Name »Abhärtungswäsche« deutet allerdings darauf hin, dass der Tragekomfort nach wie vor zu wünschen übrig ließ. Schiesser expandierte, bereits 1890 entstand eine Niederlassung in Stockach, 1896 eine in Engen. Die Zahl der Mitarbeiterinnen und Mitarbeiter stieg stark an, der Betrieb entwickelte sich zu einem nicht mehr wegzudenkenden Arbeitgeber einerseits in der Region, andererseits auch weltweit. Indien, China, der Vordere Orient und Japan gehörten schon damals zu den Absatzmärkten.

1923 hatte sich die Menschheit dann genug *abgehärtet*. Die Geburtsstunde des Feinripps war gekommen. Eine echte Revolution! Die Unterwäsche aus Baumwolle mit ihrem typischen Aussehen behauptet sich seitdem unverdrossen auf dem Weltmarkt. Seit knapp 100 Jahren greifen Generationen von Frauen und Männern in den Regalen nach dem Produkt.

Die Umbrüche der beiden Weltkriege, des Nationalsozialismus und der Nachkriegszeit überlebte das Unternehmen im Vergleich zu anderen Firmen am See erstaunlich gut. Neue Märkte konnten erfolgreich erschlossen und Produktlinien am Markt platziert werden. Zu Beginn der 2000er-Jahre kam es bei Schiesser zu Turbulenzen. Es gelang allerdings der beauftragten Insolvenzverwaltung, durch Restrukturierungsmaßnahmen die Firma wieder auf Erfolgskurs zu bringen. Mittlerweile ist Schiesser mit seinen vielfältigen Produkten wieder weltweit präsent. Der Firmensitz befindet sich wie schon vor fast 150 Jahren weiterhin in Radolfzell.

Jacques Schiesser mit seiner Familie im Obstgarten bei der ersten Fabrik.

1895

Vom Bauerndorf zur Industriestadt

Kaum zu glauben, bereits 1782 versuchten die aus Tirol stammenden Grafen von Enzensberg, in Singen Industrie anzusiedeln. Wie an anderer Stelle im Hegau auch (Engen, Watterdingen, Tengen) galt Tabak als das Produkt der Wahl. Allerdings hielt sich die Firma nicht allzu lange. Etwa 60 Jahre mussten noch ins Land gehen, dann begann die Industrialisierung.

Wie schon in Konstanz hing alles mit der Eisenbahn zusammen (▶ Kapitel 1863). Zuerst kam es zur Eröffnung der Strecke Waldshut–Konstanz, 1866 folgte die *Schwarzwaldbahn* von Offenburg über Engen und Singen nach Konstanz, dann wurde die Linie Winterthur–Etzwilen–Singen 1875 eröffnet. Plötzlich nahm Singen Ende des 19. Jahrhunderts die Position eines Eisenbahnkontenpunktes an der Grenze zur Schweiz ein.

Sicher lässt sich trefflich darüber streiten, welche Firma nun den Aufschwung brachte: War es *Georg Fischer* aus Schaffhausen, der 1895 eine Gießerei eröffnete? Waren es die Aluminium-Walzwerke (kurz *Alusingen* genannt), die sich 1912 hier niederließen? Oder gilt der Titel dem Schweizer Unternehmer *Julius Maggi*? 1887 begann er mit sieben Arbeiterinnen und einem Vorarbeiter in Singen, seine berühmte Suppenwürze für den deutschen Markt abzufüllen. Wie dem auch sei, schnell entwickelte sich Singen zum industriellen Zentrum des westlichen Bodensees. Tausende von Arbeitsplätzen entstanden und prägen die Stadt bis zum heutigen Tag. Allerdings gab es auch Rückschläge zu verzeichnen, so wanderte die 1859 gegründete *Gotthard-Allweiler AG* bereits nach wenigen Jahrzehnten Richtung Radolfzell ab, wo großzügigere Angebote warteten.

Trotzdem nahm Singen weiter raschen Aufschwung. Durch die angesiedelte Industrie entstanden zahlreiche Fabrikgebäude und Wohnheime für die teilweise ungelernten Arbeiterinnen und Arbeiter. Dem Bedürfnis der Menschen nach einem Leben im Grünen trug die heute nur noch teilweise erhaltene Gartenstadt-Anlage Rechnung. In der Innenstadt siedelten sich Geschäfte an, die den Wunsch nach feiner Lebensart stillten.

Während des Zweiten Weltkriegs ersetzten mehrere Tausend Zwangsarbeiterinnen und Zwangsarbeiter die einberufenen Männer und hielten die Produktion weiter am Laufen. Ab Ende 1944 kam es mehrfach zu Bombenangriffen. Nach dem Krieg und dem Wiederaufbau setzte sich die Aufwärtsbewegung fort. Autobahnanschlüsse (▶ Kapitel 1972) Richtung Stuttgart und Zürich (1978), Stockach und Friedrichshafen (1982) und der Autobahntunnel durch den Hohentwiel Richtung Schaffhausen (1988) unterstützen die verkehrsgünstige Lage der Stadt und sorgten dafür, dass Industrie aus der Region nach Singen abwanderte.

Zeichen des wirtschaftlichen Aufstiegs: mondäne Damenhüte in Singen.

DAMEN-HÜTE
PAULA FISCHER
MODES

Sommerfrische

München, 6. Juli 1914 Preis 30 Pfg. 19. Jahrgang Nr. 14

SIMPLICISSIMUS

Abonnement vierteljährlich 3 Mk. 60 Pfg.

Begründet von Albert Langen und Th. Th. Heine

In Österreich-Ungarn vierteljährlich K 4.40

Am Bodensee

(Zeichnung von B. Wennerberg)

„In ganz Konstanz kriegt man keine Feldstecher mehr, seitdem ich hier bade.“

1914

Böses Erwachen

Der Sommer schien kein Ende zu nehmen, Einheimische und Gäste flanierten sorgenlos. Obwohl der österreichisch-ungarische Thronfolger in Sarajevo erschossen worden war, dachte niemand an einen Waffengang. *Wo liegt Serbien*, fragten sich die Menschen, *und was geht uns der Konflikt auf dem Balkan an?* Hinter den Kulissen bereiteten sich aber alle Staaten Europas schon lange auf den *Großen Krieg* vor.

Professor Dr. Karl Gruber (1885–1966) gilt als einer der wegweisenden Architekten, Städteplaner und Denkmalpfleger des deutschsprachigen Raumes. Geboren in Konstanz, studierte er nach dem Abitur am heutigen Suso-Gymnasium Architektur und widmete sich 1914 als badischer Regierungsbaumeister dem Neubau des Freiburger Universitätsklinikums. Karl Gruber besaß eine große Affinität zu seiner Heimat. Kein Wunder also, dass er im Konstanzer Regiment als Reserveoffizier diente. Zusammen mit den Erinnerungen seines Kameraden Dr. med. Samuel Moos (▶ Kapitel 1655 und 1933) stellen seine ungeschönten Memoiren eine der wichtigsten Quellen zur Geschichte der Region im Ersten Weltkrieg dar.

Grubers Erinnerungen beginnen mit seiner Ankunft in Konstanz kurz vor Kriegsausbruch. Die Stadt lebte noch so sehr im Frieden, dass die ihm begegnenden Soldaten und Zivilisten meinten, er käme, um eine Übung zu machen. Als er dies verneinte, erntete er bei seinen Freunden schallendes Gelächter: *Der Gruber glaubt, dass es Krieg gibt – es gibt heutzutage doch keinen Krieg mehr!*

Dann berichtet er vom Chaos an der Front. Das Durcheinander und die Überforderung waren so groß, dass selbst sein erfahrener Regimentskommandeur im Gras saß und meinte: *Ich habe mir den Krieg anders vorgestellt!* Schonungslos geht Gruber mit rechtswidrigen Befehlen wie Brandstiftung ins Gericht oder schreibt über Verwundungen. Als Oberleutnant nahm Karl Gruber die Funktion eines Grabenoffiziers wahr. Sein Humor war weit über die Grenzen des Regiments hinaus bekannt. Mit der Figur des (Gruber-)*Schorsch* schuf er eine liebenswert-lebensnahe Karikatur der *Seehasen* (▶ Kapitel 1868) im Feld. Subtil und selbstkritisch schrieb Gruber über die Schrecken der Schlachtfelder. 1916 wurde er aus dem Regiment abkommandiert und in den Osten verlegt.

Karl Grubers Kameraden aus Konstanz, Singen, Radolfzell, Stockach, Engen, Rielasingen, von der Höri, aus Watterdingen oder wo sie auch immer herstammen mochten, kämpften und litten ausschließlich an der Westfront. Heute weitgehend vergessen, liegen ihre Gräber im Elsass, in Lothringen, in der Champagne, an der Somme, in Nordfrankreich und nicht zuletzt auch in Flandern.

Titelseite der Satirezeitschrift *Simplicissimus* kurz vor Kriegsbeginn.

1925

Heute ein (fast) vergessener Ort

Die Aussicht gestaltet sich einfach unvergesslich. Gegenüber der Säntis, flankiert von den Glarner und Berner Alpen. Im Vordergrund Petershausen, Wollmatingen und die Altstadt von Konstanz, links der Obersee, rechts der Untersee mit dem Thurgauer Seerücken, die Höri und die Vulkanberge des Hegau. Konstanz und der westliche Bodensee liegen den wenigen Besucherinnen und Besuchern zu Füßen.

Hier, mitten auf dem ehemaligen Schießstandgelände der Konstanzer Garnison, entstand 1925 die zentrale Gedenkstätte für die Gefallenen aus der Region. Allein in den Reihen der schon genannten *114er* (▶ Kapitel 1868, 1914, 1933) und ihrer Tochter- oder Ersatzverbände waren 3200 Soldaten ums Leben gekommen. Nach dem Zweiten Weltkrieg vergrößerte sich diese Zahl um ein Vielfaches durch die Gefallenen des 14. Infanterieregiments sowie durch die Opfer des Nationalsozialismus.

Die Idee, ein Mahnmal für die Gefallenen des Ersten Weltkrieges zu errichten, entstand schon kurz nach der Rückkehr der überlebenden Soldaten. Inflation und wirtschaftliche Schwierigkeiten ließen das Projekt aber nicht weiter gedeihen. 1924 lieferte Professor Dr. Karl Gruber (1885–1966 ▶ Kapitel 1914) die Entwürfe dazu. In der Hoffnung, auf diese Weise dem Gedenken eine besondere Richtung zu geben, entschied er sich für einen Kapellenbau. Er begründete seine Idee mit den Worten: »*Nur ein Denkmal, das im religiösen, christlichen Bewusstsein der einheimischen Bevölkerung lebt*«, biete die Gewähr, »*die Zeiten […] zu überdauern.*«

Die Kapelle ist bewusst schmucklos gehalten. Sie besticht durch ihr Äußeres. Im Inneren stehen auf der Wandtäfelung die Namen der Gefallenen. Das beklemmende Altarbild Hans Frankes (1892–1975) zeigt vor der angedeuteten Darstellung eines Schlachtfeldes einen deutschen Soldaten, der den Kopf eines gefallenen Kameraden hält. Nach 1945 wurde ebenfalls nach einem Entwurf von Professor Gruber neben der Kapelle ein großer Findling aufgestellt. Mit dem Wunsch »*Vergesst uns nicht, uns Tote vom Regiment 14*« erinnert er an die Gefallenen des Zweiten Weltkriegs. Ein Richtung Süden stehendes Hochkreuz vollendet das Ensemble. Auf seinem Sockel steht die Inschrift: »*Die Stadt Konstanz ihren toten Soldaten*«, später ergänzt durch die Zeilen »*Sowie allen Opfern der Kriege und Gewaltherrschaften*«.

Offiziell geriet der *Riesenberg* völlig in Vergessenheit. Trotzdem ist die Kapelle immer wieder Ziel von gedankenlosem Vandalismus. Ihre Pflege obliegt der *Traditionsgemeinschaft der ehemaligen Garnisonsstadt Konstanz e. V.*, die sich liebevoll um das Denkmal kümmert.

Gedenkkapelle auf dem Konstanzer Riesenberg.

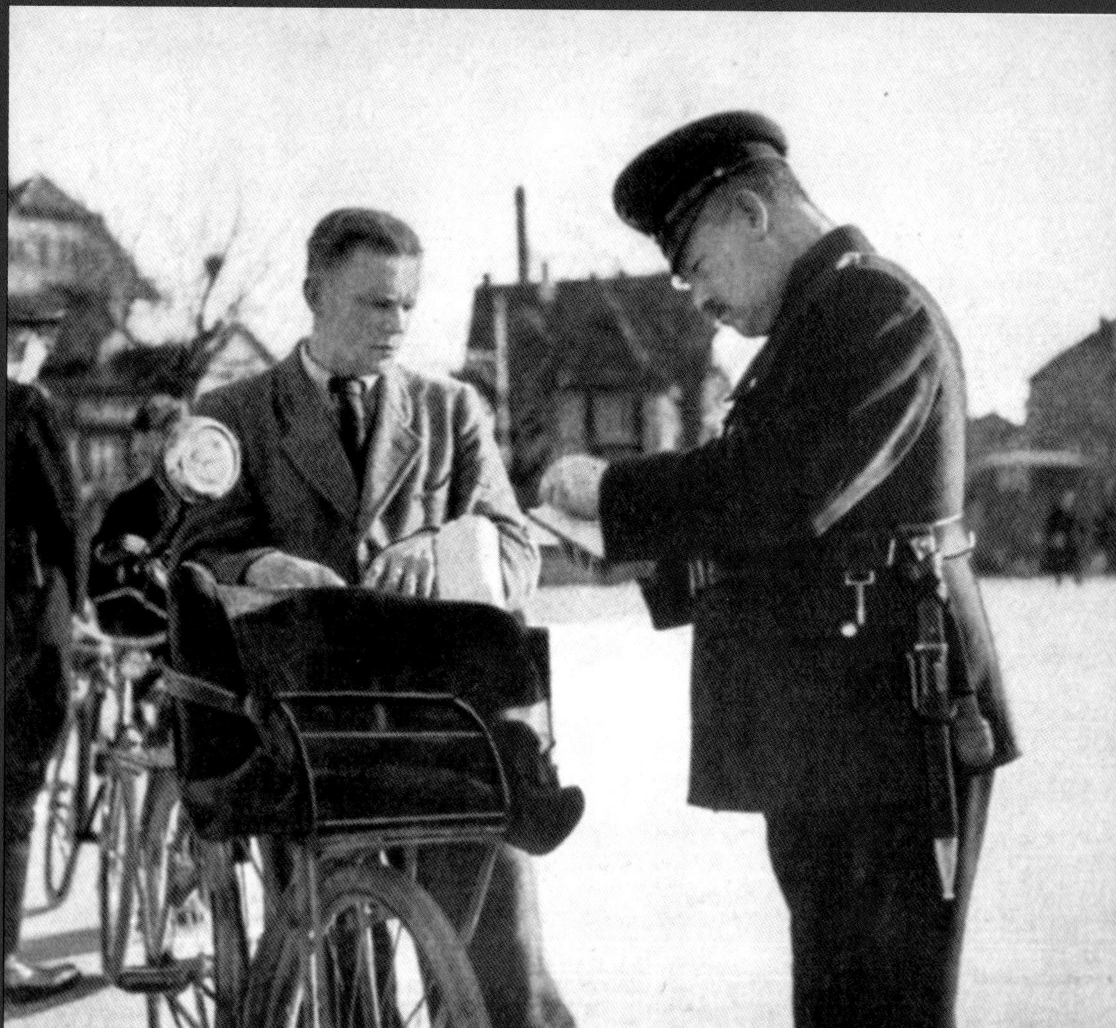

1932

Milchkrieg entlang der Grenze

Hegau, Thurgau, Schaffhauserland, Reichenau, Sankt Gallen, Konstanz. Historikerinnen und Historiker, Kunsthistorikerinnen und Kunsthistoriker, aber auch Alteingesessene nennen diese Bezeichnungen in einem Atemzug. Die Regionen gehören ja auch zusammen. Ein und dieselbe Familie lebte diesseits und jenseits einer Grenze, welche die Menschen als solche überhaupt nicht wahrnahmen.

Schiesser in Radolfzell (▶ Kapitel 1875), Maggi in Singen (▶ Kapitel 1887), Straehl in Konstanz (▶ Vorwort) sind nur einige Beispiele für die engen Verflechtungen am westlichen Bodensee. *Schweizerin* oder *Deutscher*? Diese Frage stand selten zur Debatte. Allenfalls vielleicht: *aus dem Thurgau*? Oder: *aus Baden/Württemberg*? Selbst der Erste Weltkrieg hatte an diesem Zusammengehörigkeitsgefühl nur wenig verändert. Erst die zunehmende Nationalstaatlichkeit in der Zwischenkriegszeit führte zu einem nachhaltigen Bruch.

Schon bald nach Kriegsende nahmen die traditionellen Marktorte wie Konstanz, Radolfzell oder Singen ihre Funktion wieder auf. Schweizerinnen und Schweizer kamen wie gewohnt über die Grenze, brachten ihre Waren mit, kauften ein und handelten vor Ort. Allerdings führte der starke Währungsunterschied zwischen dem *Schweizer Franken* und der *Reichsmark* zu einem ungewohnt großen Andrang. Durch die schwierige Versorgungslage im Deutschen Reich standen deshalb oft die Regale leer, was zu Unmut führte. Die Weltwirtschaftskrise verschärfte die Situation. Plötzlich begrenzte die Reichsregierung in Berlin die traditionellen Milchlieferungen der Thurgauer Bauern Schritt für Schritt und verbot sie 1932 völlig. Ein Desaster! Für die Ostschweiz brachen mehr oder minder mit einem Schlag die traditionellen Marktorte weg; ihre Bauern blieben sprichwörtlich auf ihrer Milch sitzen, und auf badischer Seite fehlte sie.

Berlin und Bern stritten sich ohne Rücksicht auf die Region und über die Köpfe der Menschen hinweg. Schweizer Banken forderten ihre Kredite zurück, die Bevölkerung des Thurgaus wurde dazu aufgerufen, keine Waren mehr in Baden einzukaufen. Deutsche Grenzgänger bekamen ihre Arbeitsbewilligungen entzogen. Zollschikanen gossen zusätzlich Öl in das von den Hauptstädten aus entfachte Feuer.

Am 15. Februar 1933 passierte das letzte Mal Milch aus dem Thurgau die Grenze. Die *Thurgauer Zeitung* schrieb prophetisch: »*Damit ist nun eine jahrhundertealte Handelsbeziehung zwischen der Stadt Konstanz und ihrem Thurgauer Hinterland* [endgültig] *zerstört. Den Schaden tragen die Thurgauer Landwirte und die Konstanzer Geschäftsleute.*« Selbst knapp 100 Jahre später ist die gegenseitige Entfremdung noch spürbar.

Scharfe Grenzkontrollen auf beiden Seiten.

1933

Davidstern und Eisernes Kreuz

Dr. med. Samuel (Semi) Moos (1883–1984 ⊳ Kapitel 1655/1914) war einer der bekanntesten Konstanzer Frauenärzte. Geboren in Randegg, besuchte er das heutige Konstanzer Heinrich-Suso-Gymnasium und studierte nach dem Abitur Medizin. Später eröffnete er in Konstanz eine Praxis. Der Mediziner jüdischen Glaubens verstand sich zeit seines Lebens als Hegauer und Konstanzer durch und durch.

Eine Lebensgeschichte, die bewegt und nachdenklich macht. Sie steht stellvertretend für die vieler vertriebener und ermordeter Mitbürgerinnen und Mitbürger jüdischen Glaubens. Dr. Moos hatte noch *Glück im Unglück*, wie man so schön sagt. Mit viel Weitblick erkannte er schon 1933 die Zeichen der Zeit und flüchtete in die Schweiz, nach Israel, in die USA und schließlich nach Australien. Dort starb er im stolzen Alter von 101 Jahren. Viele seiner Glaubensschwestern und Glaubensbrüder überlebten aber die Gräuel der NS-Zeit nicht. Spätestens 1940 wurden sie ins südfranzösische Gurs transportiert und von dort weiter in die berüchtigten Konzentrationslager.

Dr. Moos galt nicht nur als ein fähiger Frauenarzt, sondern besaß auch eine große Leidenschaft für das badische Militär und verstand sich als Hobbyhistoriker. Er diente während des Ersten Weltkrieges als Sanitätsoffizier der *114er* (⊳ Kapitel 1868/1914/1925) und erhielt mehrere hohe Kriegsauszeichnungen. Seine teilweise unveröffentlichten Werke stellen eine einzigartige Quelle zum Leben am westlichen See dar. Sie beschreiben feinfühlig die Zeit vom Ende des 19. bis in die erste Hälfte des 20. Jahrhunderts.

Semi Moos nahm kein Blatt vor den Mund. Schonungslos legte er den Finger in die Wunde, wo immer es sein Gerechtigkeitssinn verlangte. Er schrieb über ungesetzliche Hinrichtungen französischer Gefangener wie über die Verbrechen französischer *Franktireurs* an deutschen Truppen im Ersten Weltkrieg. Während der NS-Zeit prangerte er die braunen Machthaber an, er berichtete über das opportunistische Verhalten seiner Kollegen aus Medizinerkreisen und deren Machenschaften. Nicht ohne Schadenfreude, aber auch mit viel Wehmut zwischen den Zeilen erzählt er von seinem Seegrundstück auf dem Bodanrück, das er der Gier eines Parteibonzen entziehen konnte, indem er es den Schwestern des Klosters Hegne und ihrem Krankenhaus schenkte.

Trotz aller negativen Umbrüche blieb Dr. Moos seiner Heimat stets verbunden. Schon kurze Zeit nach dem Krieg besuchte er Konstanz und seine Freunde. Sein Eisernes Kreuz und den Zähringer Löwenorden hielt er stets in Ehren. Deutschland (oder das Großherzogtum Baden?) blieben ihm, dem Spross einer jüdischen Familie, stets das Vaterland.

Gedenkstein für die nach Gurs verschleppten jüdischen Mitbürgerinnen und Mitbürger.

umami
Sushi & Grill
MA&RE
Berta Schmulewitz
Hugo Schriesheimer
Max Schriesheimer
Rosa Schriesheimer
Albert Schwarzhaupt
Hella Schwarzhaupt
Klara Seewald
Samuel Seewald
Alfred Spiegel
Betty Spiegel
Cäcilie Spiegel
Helmut Spiegel
Leopold Spiegel
Renée Stein
Le 22 octobre 1940,
108 habitants juifs de la ville
de Constance ont été déportés
au camp d'internement de
Gurs en France. De là, ceux
qui étaient encore en vie ont été
transférés à partir d'août 1942,
vers les camps de concentration
d'Auschwitz et de Sobibor,
où ils ont été assassinés.
Rachel Steinem
Elsa Stux
Robert Stux
Bertha Weil
Lina Weil
Hugo Weill
Anna Wieler
Berthold Wieler
David Wieler
Ludwig Wolf
Ricka Wolf
Lina Wolff
Lehmann Wormser

1937

Maginot südlich des Sees

Blühende Obstbäume, Wiesen übersät von Löwenzahn, dunkelgrüne Wälder, prachtvolle Rebhänge, repräsentative Schlösser, freundliche Dörfer und Städte an sauberen Flüssen. Diesen Eindruck gewinnen Besucher, wenn sie zum Beispiel mit dem Fahrrad (*Velo*) durch den Thurgau und das Schaffhauser Land unterwegs sind. Eine bleibende Erinnerung, die absolut ihre Richtigkeit hat.

Allerdings, wer genau hinschaut, entdeckt im vermeintlichen Paradies auf Erden einige Fremdkörper. Narben, die sich quer durch die Landschaft schlängeln. Panzersperren, Infanteriehindernisse, Bunker und Schützengräben ziehen sich durchaus sichtbar rings um Konstanz und weiter Richtung Osten und Westen. Um was handelt es sich?

André Maginot (1877–1932), deutschfeindlich gesinnter französischer Politiker, Veteran des Ersten Weltkrieges und mehrfach Kriegsminister seines Landes, propagierte und förderte konzeptionell den Auf- und Ausbau einer ausgedehnten starren Verteidigungslinie entlang der Grenze Frankreichs zu Deutschland. Diesem Vorbild folgend, begann auch die Schweiz 1937, Grenzbefestigungen Richtung Norden zu errichten. Nach der Wiedereinführung der allgemeinen Wehrpflicht in Deutschland und der Remilitarisierung des Rheinlandes meinte die Schweizer Regierung eine Bedrohungslage zu erkennen. »*Die Deutschen sind schon im Besitz der Rheinbrücken und können vor Kriegsausbruch einen Teil ihrer Truppen links des Rheins bereitstellen. Mit einer Unternehmung von Konstanz aus* […] *ist also mit Bestimmtheit zu rechnen*«, schrieb der damalige Schweizer Generalstabschef zur Begründung. Allein der sogenannte *Festungsgürtel Kreuzlingen* erstreckte sich über 11,5 Kilometer von Triboltingen nach Lengwil und schließlich bis Bottighofen. Er umfasste ursprünglich über 80 Bunker, die mit Maschinengewehren und Panzerabwehrkanonen ausgerüstet waren. Dazu gesellten sich Befehls- und Kommunikationseinrichtungen. Obwohl Teile der Schweizer Generalität nach dem erfolgreichen Frankreichfeldzug Deutschlands schon Ende 1940 am militärischen Sinn der Befestigungen zweifelten, führte die Schweizer Armee konsequent Modernisierungen und Kampfwertsteigerungen durch.

Während des Kalten Krieges entstanden atomsichere Verteidigungsanlagen ebenso wie Sperreinrichtungen für neu gebaute Hauptverkehrsstraßen, zum Beispiel die Autobahn A7 zwischen Zürich und Kreuzlingen. Im Zuge des Armeekonzepts 95 entschied sich die Schweiz, den Festungsgürtel weitgehend aufzugeben. Heute gehört er zum Inventar der militärischen Denkmäler im Kanton Thurgau und wird vom *Verein Festungsgürtel Kreuzlingen* betreut.

Infanteriebunker in Seenähe mit Maschinengewehren Richtung Insel Reichenau.

1945

Hilfe, die Franzosen kommen!

Müssen wir etwa nochmal ins Feld, fragten sich 1939 nicht nur altgediente Soldaten des Ersten Weltkrieges, die als Reservisten im 14. Infanterieregiment (▶ Kapitel 1868) gedient hatten. *Es wird uns wohl nichts anderes übrig bleiben*, lautete die Antwort. Und so kam es dann auch.

April 1945: in den Geschäftszimmern des Wehrbezirkskommandos Konstanz (unter anderem zuständig für die Überwachung der Wehrpflicht in der Region) herrschte rege Betriebsamkeit. *Alle wussten, dass wir den Krieg verloren hatten. Es galt einfach zu retten, was zu retten war*, erinnerte sich eine Mitarbeiterin in späterer Zeit. Akten wurden verbrannt oder versteckt, und Soldaten, die sich trauten, in die Büros zu gehen, erhielten schnell ihren Entlassungsstempel.

Dann schlug die *Stunde null*. Von Wollmatingen kommend, besetzten französische Kolonialtruppen die Stadt. Im Hegau und auf dem Bodanrück hatte es noch vereinzelt Widerstand gegeben (vor allem durch fanatische Angehörige der Waffen-SS aus Radolfzell), in Konstanz fiel aber wohl kein einziger Schuss. Die wenigen noch verbliebenen Wehrmachtsangehörigen setzten sich in die Schweiz ab. Eigentlich hatte die Bevölkerung mit Amerikanern als Besatzungstruppen gerechnet, mit Franzosen sicher nicht; sie galten seit 1940 als besiegt. Und doch sprachen die Eroberer Französisch. Viele Geschichten kursieren über die Besatzungszeit. Positive wie negative. Letztere meistens aus der Anfangszeit und häufig auch nur unter vorgehaltener Hand. Die Zeitzeugen sprechen nur ungern über ihre schlechten Erlebnisse. Viel lieber sind ihnen die Erinnerungen an die entstandene anhaltende Freundschaft.

Wie dem auch sei, die französischen Streitkräfte gehörten für die kommenden 30 Jahre zum festen Erscheinungsbild in der Region. Nach anfänglichen Schwierigkeiten entwickelte sich ein fruchtbares und freundschaftliches Miteinander zwischen Franzosen und Deutschen. Die Garnisonen in Konstanz und Radolfzell beherbergten im Laufe der Zeit Tausende Soldaten, die teilweise ihre Familien mitbrachten. Eigene sogenannte *Franzosenviertel* entstanden, die über eine spezielle Infrastruktur verfügten. Die Rolle der deutschen *114er/14er* (▶ Kapitel 1868) übernahmen in Konstanz schon bald die französischen *129er*; das Traditionsverständnis ging sogar so weit, dass der jeweils zuständige Wachoffizier morgens und abends auf den Riesenberg fuhr und die dortige Gedenkkapelle für die Gefallenen (▶ Kapitel 1925) öffnete und schloss. Gemeinsame Fastnachtsveranstaltungen oder die beliebten Wandertage brachten Besatzungstruppen und Einheimische nah zusammen. 1977/78 verließen die Franzosen die Region. Geblieben sind die Städtepartnerschaften.

Juni 1945, Parade der französischen Kolonialsoldaten in Konstanz.

1966

Friedrich-Hecker-Universität

Die endgültige Klärung der Frage, wann genau die Entscheidung für eine Universitätsgründung in Konstanz fiel, bleibt künftigen Generationen von Doktorandinnen und Doktoranden überlassen. Zu unüberschaubar präsentiert sich das zu sichtende Quellenmaterial. Eine Aussage scheint aber aus heutiger Sicht unzweifelhaft: Konstanz und die Region erhielten einen starken Innovationsschub.

Als offizielles Gründungsdatum der Universität gilt das Jahr 1966. Allerdings verfügte Konstanz über eine lange wissenschaftliche Tradition. Es waren vor allem Klöster, die in ihren Mauern teilweise über eine eigene Ordenshochschule verfügten. Bekannt sind auch einige führende Wissenschaftler, die im Umfeld des Bischofs wichtige Beiträge leisteten. So zum Beispiel die Weltkarte des Andreas Walsperger (geboren um 1415, Sterbedatum unbekannt) und der Himmelsglobus oder die astronomische Uhr des Johannes Stöffler (1452–1531). Nicht vergessen werden dürfen das Jesuitenkolleg (gegründet 1604) sowie die Verlegung der Universität Freiburg nach Konstanz im späten 17. Jahrhundert. 1906 erhielt Konstanz eine Fachhochschule (heute Hochschule für Technik, Wirtschaft und Gestaltung).

Der baden-württembergische Ministerpräsident und spätere Bundeskanzler Kurt Georg Kiesinger (1904–1988) verfolgte mit Nachdruck die Gründung einer Universität am Bodensee. Sein Ziel bestand darin, den struktur- und verkehrspolitisch ins Abseits geratenen Raum gezielt von Stuttgart aus zu fördern und die grenzüberschreitende Zusammenarbeit mit der Schweiz und Österreich voranzubringen. Die Gründung einer kleinen, eher elitär ausgerichteten Universität schien ihm dazu der richtige Weg. Da in Konstanz aufgrund der beschränkten geografischen Möglichkeiten keine Möglichkeit bestand, eine klassische Universität in der Stadt selbst zu bauen, entschied sich die Landesregierung dazu, auf dem sogenannten Giesberg eine Campus-Universität nach angloamerikanischem Vorbild zu gründen. Die Entscheidung, Konstanz und dem Bodensee eine Universität zu übertragen, stieß in der Landespolitik schnell auf Widerstand. Namentlich wehrte sich der Großraum Ulm gegen eine vermeintliche Herabstufung. Als Kompromisslösung zeichnete sich die Gründung einer medizinischen Fakultät an der Donau ab.

Ursprünglich als Reformuniversität vor allem für Geistes- und Sozialwissenschaften geplant, entwickelte sich die Universität schnell auch zu einem Zentrum für Naturwissenschaften. Seit 2007 trägt die Konstanzer Hochschule den begehrten Titel *Exzellenzuniversität*. Den Namen *Friedrich Hecker* verliehen die Studierenden ihrer Universität, offiziell durchgesetzt hat er sich nie.

Die Universität und ihre Fakultäten bieten exzellente Möglichkeiten.

1972

Goldige Zeiten

Ende der 1950er-Jahre erreichten der wirtschaftliche Aufschwung und Wohlstand auch den westlichen Bodensee. Industrie, Wissenschaft und Forschung, Tourismus und Verkehr und nicht zuletzt der Wassersport sorgten für einen großen Bekanntheitsgrad der Region. Seither strömen die Menschen sommers wie winters an den See, was die vorhandene Infrastruktur an ihre Grenzen bringt.

Peter Berger (geboren 1949), von der Insel Reichenau stammender *Schlagmann* des sogenannten *Bodensee-Vierers*, steht mit seinem Olympiasieg in München (1972), den gewonnenen Welt- und Europameisterschaften und seinen über lange Jahre unerreichten Rekorden im Ruder-Einer stellvertretend für viele erfolgreiche Athleten aus der Region.

Spielfilme wie die teilweise am Untersee gedrehte *Fischerin vom Bodensee* (1956), die geradezu als Synonym für den Bodensee geltende *Blumeninsel Mainau*, das *Gemüse von der Insel Reichenau* und aus dem Hegau, die *Welterbestätten* Pfahlbauten, Sankt Gallen und Reichenau, eine weitgehend intakte Landschaft sowie ein hervorragendes kulturelles Angebot sorgten und sorgen für einen anhaltenden Zuzug an den westlichen Bodensee.

Vor allem die Verkehrspolitik hielt diesem Ansturm nicht stand. Aus diesem Grund reaktivierten die Bundesrepublik und die Schweiz Pläne aus den 1930er-Jahren, das westliche Bodenseegebiet mit dem bestehenden und im Ausbau begriffenen Autobahnnetz zu verbinden. Die sogenannte *Bodenseeautobahn* nahm Gestalt an. In mehreren Stufen näherte sie sich sukzessive den Grenzübergängen bei Gottmadingen und Schaffhausen sowie bei Konstanz und Kreuzlingen. Nachdem 1975 das Autobahnkreuz bei Singen fertiggestellt worden war, begannen im gleichen Jahr die Arbeiten für einen neuen Rheinübergang in Konstanz. Drei Jahre später vollendet, stand die Brücke zunächst als Torso in der Landschaft, da sich auf deutscher Seite Widerstand gegen die geplante Trassenführung manifestiert hatte. In der Schweiz liefen die Arbeiten reibungslos. 2002 erfolgte mit dem sogenannten *Girsbergtunnel* und dem Neubau der Zollabfertigungsanlage im *Tägermoos* (Kreuzlingen/Konstanz) eine Anbindung Richtung Winterthur und Zürich. In Deutschland fehlt eine durchgehende Weiterführung nach wie vor. Lediglich der Teilabschnitt Singen–Gottmadingen konnte nach der Untertunnelung des Hohentwiels 1990 der Öffentlichkeit übergeben werden. Richtung Konstanz wurde die geplante Autobahn auf eine vierspurige Bundesstraße redimensioniert, deren Verlauf und Sinnhaftigkeit bis zum heutigen Tag immer wieder Anlass zu heftigen und kontrovers geführten Diskussionen gibt.

Goldige Zeiten nicht nur bei Olympia oder Weltmeisterschaft.

3

2000

Einschneidender Strukturwandel

Auch wenn Industrie in Konstanz und am westlichen Bodensee nie eine derart maßgebliche Funktion wie etwa im Ruhrgebiet eingenommen hatte, veränderte sich die Struktur der Landschaft Ende des 20. und zu Beginn des 21. Jahrhunderts stark. Große Arbeitgeber stellten die Produktion ein. Andere Betriebe mussten sich einer straffen Reorganisation unterziehen.

Fahr in Gottmadingen (▶ Kapitel 1870), das *Milchwerk* in Radolfzell, *Stromeyer* in Konstanz stehen stellvertretend für die vielen Firmen, welche die Region ursprünglich prägten. Obwohl sie Tausenden von Arbeiterinnen und Arbeitern Lohn und Brot gaben, sind viele davon heute weitgehend vergessen. Als Beispiel eines solchen traditionsreichen Betriebes mag die Konstanzer Firma *Gabriel Herosé* dienen.

Ende des 18. Jahrhunderts siedelten sich viele Textilfabrikanten in der Region an und folgten damit der mittelalterlichen Tradition des Leinwandhandels. Sie spezialisierten sich auf die Herstellung exklusiver Stoffe. Gabriel Herosé (1782–1856), ein aus dem Aargau stammender Textilfabrikant, übernahm im Jahre 1812 eine schon bestehende Stoffdruckerei in der sogenannten Konstanzer *Schneckenburg*. Dank verschiedener großherzoglich-badischer Privilegien nahm die Firma bald großen Aufschwung und expandierte in verschiedene Richtungen. Unter ihren ersten Produkten galten die sogenannten *Hortensia-Artikel* als die erfolgreichsten. Im Handdruckverfahren mit leuchtenden Farben auf Baumwolle hergestellt, zeigten sie Szenen aus dem Umfeld der Familie Bonaparte (▶ Kapitel 1817). Herosé boomte, allerdings unterbrochen durch belastende Einquartierung während der Besetzung von Konstanz nach der Revolution von 1848 (▶ Kapitel 1848). Besonders wichtig für die wirtschaftliche Entwicklung gestaltete sich die Anbindung der Region an das Eisenbahnnetz (▶ Kapitel 1863). Die Firma expandierte erneut. Mit historischen Abbildungen bedruckte Taschentücher fanden weltweit reißenden Absatz. Ein Brand im Jahr 1912 und der Erste Weltkrieg sorgten dafür, dass das Werk für kurze Zeit geschlossen werden musste. Die Umwandlung in eine Aktiengesellschaft brachte neues Kapital und den erhofften Aufschwung. Auch nach dem Zweiten Weltkrieg konnte die Firma erfolgreich weiterproduzieren. Verschiedene Fusionen folgten; im Jahr 2000 schlossen sich die Tore von Herosé endgültig.

Wo einst rauchende Schornsteine standen und stinkende Abwässer in den Rhein flossen, befindet sich heute der Herosé-Park mit Quelle und Bachlauf. Perfekter Einstieg für die Verlängerung der Konstanzer Uferpromenade Richtung Westen, flankiert von einer mediterranen Wohnbebauung.

Statt Fabrikhallen und Schornsteinen moderne multikulturelle Bebauung.

LITERATUREMPFEHLUNGEN

Amt für Archäologie Thurgau (Hrsg.), Archäologie im Thurgau, Frauenfeld, Stuttgart, Wien 2010.

Feger, Otto, Geschichte des Bodenseeraumes 1, Anfänge und frühe Größe, Sigmaringen 1971.

Ders., Geschichte des Bodenseeraumes 2, Weltweites Mittelalter, Lindau und Konstanz 1958.

Ders., Geschichte des Bodenseeraumes 3, Zwischen alten und neuen Ordnungen, Konstanz und Lindau 1963.

Gügel, Dominik und Egli, Christina (Hrsg.), Arkadien am Bodensee, Europäische Gartenkultur des beginnenden 19. Jahrhunderts, Frauenfeld 2005.

Dies., Eine Königin macht Dampf, Zeitenwende am Bodensee 1817–1837, Arenenberg 2017.

Gügel, Dominik, Wir waren auch dabei, Das Konstanzer Infanterie Regiment Nr. 114 und seine Soldaten aus dem Bodenseeraum im Ersten Weltkrieg, Konstanz 2018.

Ders., 50 x Bodensee, Tübingen 2020.

Ders., Die schönsten Bodenseegärten und ihre Geschichte. Eine spannende Zeitreise, Tübingen 2021.

Hald, Jürgen und Kramer, Wolfgang (Hrsg.), Archäologische Schätze im Kreis Konstanz, Singen und Hilzingen 2011.

Hasler, Georg u. a. (Hrsg.), Bevor die Römer kamen. Späte Kelten am Bodensee, Sulgen 2009.

Hofmann, Franz, Frühmittelalter und Romanik am westlichen Bodensee, Hilzingen [ohne Jahr].

Huges, Bettany, Istanbul, die Biografie einer Weltstadt, Stuttgart 2018.

Herzog, Ruedi und Stricker, Hannes, Grenzschutz am Bodensee und die Geschichte der Grenzbrigade 7, Frauenfeld 1993.

Junge, Hans-Christoph, Konstanz als Jerusalem, Civitas Dei und verlorene Reichsstadt. Überlegungen und Beobachtungen [...] zur Reformation in Konstanz. Maschinenschriftliches Manuskript, Konstanz 2021.

Katholische Pfarrgemeinde Sankt Gebhard (Hrsg.), Sankt Gebhard und sein Kloster Petershausen, Konstanz [ohne Jahr].

Klaassen, Anke und Drescher, Daniela, Das Nebelmännle von Bodman, Stuttgart 2019.

Krüger, Birte und Klaus (Hrsg.), Ich, Hans von Waltheym, Bericht über eine Pilgerreise im Jahr 1447, Halle an der Saale 2014.

Lachmann, Theodor, Überlinger Sagen und Bräuche vom Bodensee, Konstanz 1909.

Landesamt für Denkmalpflege im Regierungspräsidium Stuttgart (Hrsg.), Kloster, Dorf und Vorstadt Petershausen, Stuttgart 2009.

Laule, Ulrike, Das Konstanzer Münster Unserer Lieben Frau, Regensburg 2013.

Michler, Jürgen, Gotische Wandmalereien am Bodensee, Friedrichshafen 1992.

Möking, Bernhard, Sagen und Schwänke vom Bodensee, Konstanz 1972.

Moos, Samuel, Geschichte der Juden im Hegaudorf Randegg, Gottmadingen 1986.

Schmitt, Günter, Schlösser und Burgen am Bodensee, Bd. 1 Westteil, Biberach 1998.

Stadler, Christof, Radolfzell im Mittelalter, in: Stadt Radolfzell (Hrsg.), Radolfzell am Bodensee – Die Chronik, Konstanz 2017.

Waibel, Joseph und Flamm, Hermann (Hrsg.), Badisches Sagenbuch, Freiburg 1898.

Volkart, Silvia, Rom am Bodensee. Die Zeit des Konstanzer Konzils, Zürich 2014.

Dies., Vom Bodensee nach Bischofszell. Alltag und Wirtschaft im 15. Jahrhundert, Zürich 2015.

Dies., Umbruch am Bodensee. Vom Konstanzer Konzil zur Reformation, Zürich 2018.

Eingang zur Kirche des Klosters Zoffingen.

Namens- und Ortsregister

Vita

Dominik Gügel, geboren und aufgewachsen in Konstanz, studierte Geschichte und Politische Wissenschaften. Er ist Direktor des Napoleonmuseums Arenenberg (TG/CH) und Autor. Ehrenamtlich fungiert er als geschäftsführender Präsident des Netzwerks Bodenseegärten und Vizepräsident der European Garden Association. 2021 wurde ihm von Ministerpräsident Winfried Kretschmann für seine Verdienste um die Bodenseegärten die Staufermedaille des Landes Baden-Württemberg verliehen.

Impressum

Sollte dieses Werk Links auf Webseiten Dritter enthalten, so machen wir uns die Inhalte nicht zu eigen und übernehmen für die Inhalte keine Haftung.

In diesem Buch wird aus Gründen der besseren Lesbarkeit das generische Maskulinum verwendet. Weibliche und anderweitige Geschlechteridentitäten werden dabei ausdrücklich mitgemeint, soweit es für die Aussage erforderlich ist.

1. Auflage 2023

Umschlaggestaltung: Björn Locke Curldesign, Nürtingen.

Layout und Satz: Silke Schüler, München.
Lektorat: Matthias Kunstmann, Karlsruhe.

Printed in Slovenia by Florjancic.

ISBN 978-3-8425-2298-5

Ihre Meinung ist wichtig für unsere Verlagsarbeit. Senden Sie uns Ihre Kritik und Anregungen unter **meinung@silberburg.de**

Besuchen Sie uns im Internet und entdecken Sie die Vielfalt unseres Verlagsprogramms: **www.silberburg.de**

Bildnachweis

Amt für Archäologie Thurgau: 15, 17, 18, 21

Arenenberg, Napoleonmuseum: 73, 78, 82

Dominik Gügel, Familienarchiv Gügel-Frank: Erinnerung, Inhalt (alle), 8, 9, 12, 22, 25, 26, 29, 30, 33, 34, 37, 38, 41, 42, 45, 46, 49, 50, 53, 54, 57, 61, 62, 65, 66, 69, 70, 74, 81, 85, 86, 89, 90, 93, 97, 101, 102, 105, 106, 109, 114, 117

Gebrüder Sulger, Familienachiv Zur Hofmetzg: 10

Helmuth Scham, Napoleonmuseum Arenenberg: 120

Markus Gügel, Familienarchiv Gügel-Frank: 113

Petra Reinmöller, Familienarchiv Gügel-Frank: 77, 110

Privatbesitz: 58, 98

Stadtarchiv Konstanz: 94